Spiel dich schlau mit kahoot!

Lust auf eine Quiz-Runde? Hinten im Buch findest du drei QR-Codes, die dich direkt zu drei verschiedenen Quizzen führen. Du kannst sie allein oder als Challenge mit deinen Freunden spielen.
Mit dem Handy oder Tablet Code scannen, Nickname eingeben und losspielen.

- **Im Training** Wenn du das Buch gelesen hast, sollte dir das erste Quiz nicht schwer fallen.
- **Profi-Runde** Du meinst, du kennst dich schon richtig gut aus im Thema? Dann probier doch das zweite Quiz!
- **Pics Challenge** Du willst dein Wissen in Bildern testen? Dann ist das dritte Quiz das richtige für dich.

Dabei gibt es verschiedene Fragetypen: Von Wahr-Falsch-, Schätz-, Eingabe- und Multiple-Choice-Fragen ist alles dabei.

Woraus bestehen Diamanten?

Kohlenstoff | Sauerstoff

Stickstoff | Silizium

Für jede richtige Antwort gibt es Punkte.
Wer am Ende die meisten gesammelt hat, gewinnt.

MEMO WISSEN

EDELSTEINE und KRISTALLE

Apatit

Geschliffene Topase

Danburit

Chalzedon

Opal

Kalzit

Kobaltspat (Sphärocobaltit)

Krokoit

MEMO WISSEN

EDELSTEINE und KRISTALLE

von **Dr. R. F. Symes** und **Dr. R. R. Harding**

Dumortierit-Fläschchen

Geschliffene Granate

Geschliffene Turmaline

Aragonit

Mikroklin

Torbernit

DK

Malachit

Krokoit

Gold

Achat

Lektorat Louise Pritchard, Helen Parker, Virien Chopra, Zarak Rais, Kingshuk Ghoshal, Carron Brown, Francesca Baines, Andrew Macintyre, Liz Wheeler, Jonathan Metcalf
Gestaltung und Bildredaktion Thomas Keenes, Julia Harris, Jacquie Gulliver, Cynthia Hole, Vikas Chauhan, Tanvi Sahu, Prateek Maurya, Vishal Ghavri, Govind Mittal, Pawan Kumar, Ashok Kumar, Chrissy Checketts, Philip Letsu, Karen Self
Extra Fotos Colin Keates (Natural History Museum London)
Umschlaggestaltung Surabhi Wadhwa-Gandhi, Juhi Sheth, Priyanka Sharma Saddi, Sophia MTT
Herstellung Gillian Reid, Jack Matts

Fachliche Beratung Cally Oldershaw

Für die deutsche Ausgabe:
Redaktionsleitung Martina Glöde
Herstellungskoordination Bianca Isack
Herstellung Stefanie Staat

Titel der englischen Originalausgabe:
Eyewitness Crystal and Gem

Übersetzung Beatrice le Coutre-Bick
Producing booklab GmbH, München

ISBN 978-3-8310-4937-0
5902-335459-23474-04

Druck und Bindung TBB, a.s., Slowakei

MIX
Papier | Fördert gute Waldnutzung
FSC® C018179

www.dk-verlag.de

www.kahoot.com

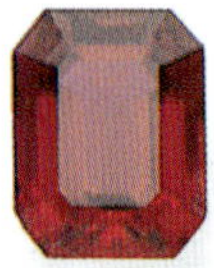

Geschliffener Turmalin

Geschliffener Topas

Geschliffener Saphir

Perlmutt

Turmalin

Achat

Inhalt

Amethyst

Was sind **Kristalle?**

Kristalle sind Festkörper, die aus regelmäßig angeordneten Atomen bestehen (S. 14–15). Viele Minerale „kristallisieren", das heißt, sie bilden geometrische Formen mit glatten Flächen. Der Begriff „Kristall" geht auf das griechische Wort *kryos* zurück. Es bedeutet Eis oder Frost. Im Altertum hielt man Bergkristalle für besonders hartes Eis, das nicht schmelzen kann.

Typische Beispiele

Diese Kristalle entstanden aus heißen, wässrigen Lösungen im Erdinneren. Typisch sind ihre glatten Oberflächen.

Künstliche Kristalle

Die meisten Kristalle in diesem Buch bestehen aus Mineralen: So nennt man natürliche anorganische Verbindungen. Kristalle kann man aber auch künstlich züchten, wie diesen aus Kalium-Magnesiumsulfat.

Aggregatzustände

Verbindungen wie Wasser treten je nach Temperatur in verschiedenen Aggregatzuständen auf: fest, flüssig oder gasförmig. Im Wasserdampf bewegen sich die Moleküle schnell, in flüssiger Form nur langsam. Bei festem Eis kristallisieren sie wie hier zu regelmäßigen Mustern.

Massige Formen

Unter perfekten Bedingungen wachsen große und prachtvolle Kristalle. Die meisten Minerale – wie hier Skapolith – haben jedoch eine massige Form, in der man Kristalle kaum erkennt.

Kristallstrukturen

Diese wie Farne aussehenden Verästelungen nennt man Dendriten (S. 21). Solche Kristalle bilden sich oft an Felsspalten und -rissen.

Geschliffener Aquamarin (S. 38–39)

Geschliffener Heliodor (S. 38–39)

Edelsteine

Die meisten Edelsteine bestehen aus natürlichen, aber seltenen und deshalb kostbaren Kristallen, die geschliffen und poliert werden (S. 58–59). Sie können jedoch auch künstlich „gezüchtet“ werden (S. 26–27).

Geode

Kristalle wachsen an seltsamen Orten. So finden sich manchmal auf Äckern solche Geoden: hohle Steine mit glitzernden Quarzkristallen im Inneren.

Mineralreiches Wasser bildete im Inneren des Steins Quarzkristalle.

Kein Kristall

Auch Glas bezeichnen wir oft als „Kristall“. Glas kühlt bei der Herstellung zu schnell ab, als dass sich die Atome regelmäßig anordnen könnten. Solche Materialien nennt man amorph.

Kristall**welten**

Kristalle kommen überall vor. Die Erde, der Mond und Meteoriten (Gesteinssplitter aus dem All) bestehen aus Mineralen und diese vor allem aus Kristallen. Auch die drei Schalen der Erde – die Erdkruste, der Erdmantel und der Erdkern – setzen sich aus festen kristallinen Mineralen zusammen, die aus den Atomen verschiedener Elemente gebildet werden. Wir benutzen Kristalle zu Hause (S. 62–63), bei der Arbeit (S. 28–29) und in der Technik.

Meteoriten

Der Erdkern ist ähnlich wie dieser Eisenmeteorit aufgebaut. Er wurde behandelt, um seine kristalline Struktur sichtbar zu machen.

Granit

Große Teile der Erdkruste bestehen aus Granit. Er setzt sich vor allem aus den Mineralen Quarz, Feldspat und Glimmer zusammen. Hier sieht man große Kristalle des Feldspatminerals Orthoklas.

Eklogit

Der Erdmantel besteht vor allem aus den Gesteinsarten Peridotit und Eklogit.

Lava hat eine Temperatur von über 1000 °C und glüht leuchtend orangefarben.

Lava

Bricht ein Vulkan aus, fließt flüssige Lava wie hier beim Kilauea auf Hawaii. Kühlt die Lava ab, kristallisieren die Minerale zu festem Gestein.

Starke Mauern

Auch die meisten Gebäude bestehen aus Kristallen. Ihre Stabilität hängt von der Art des jeweiligen Gesteins ab. Rochester Castle ist eine vor rund 900 Jahren aus Naturstein erbaute Burg in England.

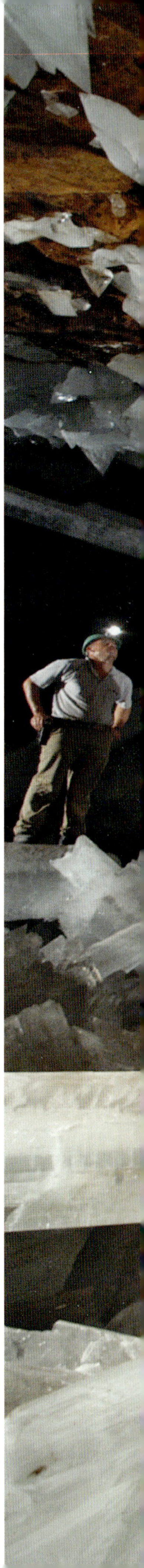

Die Kristallhöhle

Einige der größten, bis zu 11 m langen Naturkristalle der Welt findet man in der Mine von Naica in Mexiko. Die Selenitkristalle entstanden vor ca. 500 000 Jahren durch die stetige Hitze einer darunterliegenden Magmakammer.

Basaltkiesel

Am Ende Staub

Kiesel, Sand und Bodenbestandteile entstehen durch die Verwitterung von Gestein und zerfallen schließlich zu Staub (S. 32). All diese Formen setzen sich aus Kristallen zusammen.

Quarzitkiesel

Quarzsandkörner

Erde

Tropfen für Tropfen

Diese Stalagmiten aus Kalzitkristallen entstanden in einer Mine durch das Herabtropfen von Wasser mit hohem Gehalt an kohlensaurem Kalk.

Organische Kristalle

Auch für alles Leben auf der Erde sind Minerale wichtig. So kommen Kalzit- und Apatitkristalle nicht nur in Gestein, sondern auch in Tieren und Pflanzen vor.

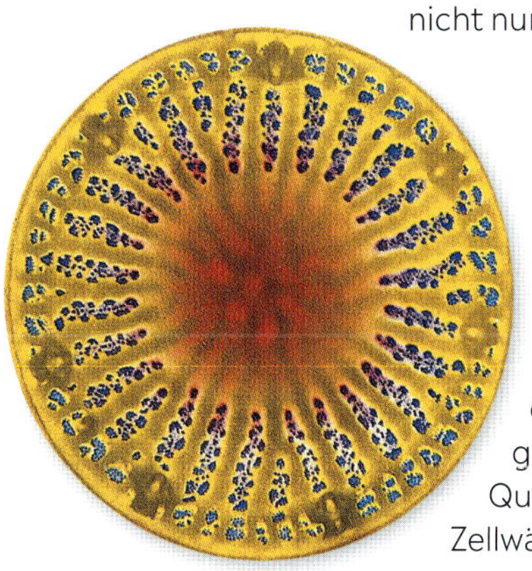

Mikrokristalle
Die Kieselalge *Cyclotella pseudostelligera* durch das Mikroskop gesehen: Winzige Quarzkristalle bilden die Zellwände.

In Tieren gebildete Minerale
Dieser Gallenstein aus der Gallenblase einer Kuh ist wie das natürliche Mineral Struvit zusammengesetzt.

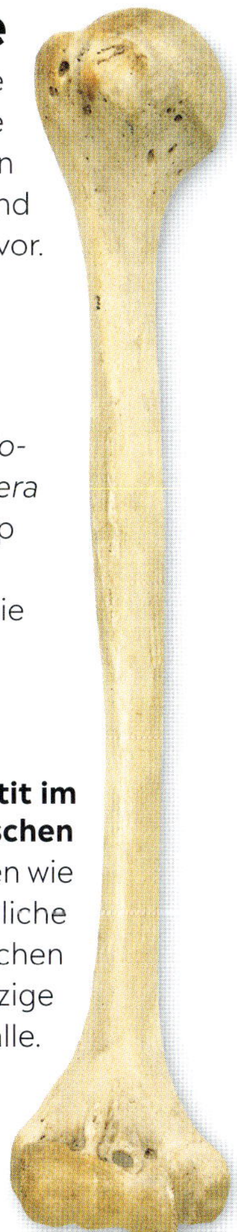

Apatit im Menschen
Auch Knochen wie dieser menschliche Oberarmknochen enthalten winzige Apatitkristalle.

Naturschönheit

Perfekt ausgebildete Kristalle sind prachtvoll und überaus selten. Um diese Schönheit herauszubilden und zu erhalten, brauchen sie ideale Bedingungen (S. 20–21).

Proustit
Die kirschroten Proustitkristalle findet man häufig beim Abbau von Silbererz. Auf dieses prächtige Exemplar stieß man in der früheren Silbermine von Chanarcillo in Chile.

Bournonit
Diese glänzend grauen, an Zahnräder erinnernden Bournonitkristalle stammen aus einer Bleimine in Cornwall in Südwestengland.

Benitoitkristalle gibt es nur im kalifornischen San Benito (USA).

Epidot

Dies ist ein wahres Prachtexemplar eines Epidotkristalls mit seiner feinen, säulenförmigen Struktur und typischen Farbe. Der Kristall wurde 1865 von einem Bergführer in den österreichischen Alpen entdeckt.

Epidot findet man in metamorphem Gestein.

EINBLICK

Sigalit Landau
Seit 2008 versenkt die israelische Künstlerin Sigalit Landau Dinge wie Schuhe oder Musikinstrumente im extrem salzhaltigen Wasser des Toten Meers. An ihnen wachsen Salzkristalle. Die Objekte werden dann getrocknet und sind Kunstwerke.

Topas

Im 19. Jh. fand man viele solcher vollkommenen Topaskristalle nahe dem Fluss Urulga im Südsibirischen Gebirge. Einige waren bis zu 10 kg schwer.

Baryt

Besonders schöne Barytkristalle findet man in den Eisenminen der nordenglischen Grafschaft Cumbria. Die Farbvielfalt ist groß, jede Mine bringt ihren eigenen Farbton hervor. So stammt dieser goldgelbe Kristall aus der Dalmellington-Mine.

Benitoit

Diese dreieckig ausgebildeten, saphirblauen Benitoitkristalle (S. 49) wurden unweit des San Benito River in Kalifornien (USA) gefunden.

Der rotorange Schimmer entsteht durch Eisenoxid.

Wunderschöne Beryllkristalle aus der ganzen Welt

Kalzit

Das Mineral Kalzit kommt sehr häufig vor und weist eine große Bandbreite an Farbtönen und Formen auf. Einige der schönsten Exemplare wurden Ende des 19. Jh. in Nordengland gefunden. Hier sind die Kristalle fast farblos, aber einige zeigen eine rötliche Färbung.

Das **Äußere**

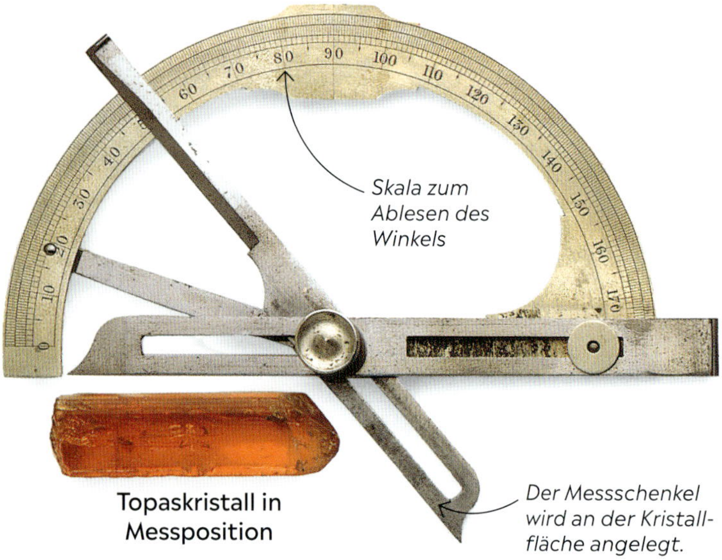

Topaskristall in Messposition

Anlegegoniometer

Mit diesem Gerät werden die Winkel zwischen den Kristallflächen durch Anlegen ermittelt. Nach dem Gesetz der Winkelkonstanz sind sie bei allen Kristallen der gleichen Art immer gleich groß.

Ein schöner Kristall hat symmetrische Merkmale, wie Flächen mit parallelen Kanten. Manche Kristalle sind in zwei spiegelbildliche Hälften teilbar. Bei anderen ist der spiegelbildliche Aufbau durch die Drehung um eine Symmetrieachse erkennbar. Dadurch zeigen sich die Kristallflächen mehrfach. Wieder andere Kristalle haben ein Symmetriezentrum: Das ist ein Punkt, durch den sich jeweils zwei Flächen des Kristalls spiegeln.

Kubisches System beim Galenitkristall mit vier dreizähligen Drehachsen

Die sieben Kristallsysteme

Kristalle werden je nach Symmetrie in sieben Gruppen unterteilt. Würfelförmige (kubische) Kristalle haben mit neun Flächen, zwölf Achsen und einem Symmetriezentrum den höchsten Grad an Symmetrie, die triklinen Kristalle den geringsten.

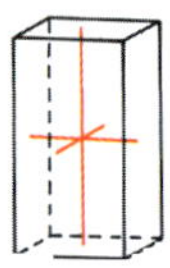

Tetragonales System beim Vesuvianit mit einer vierzähligen Achse

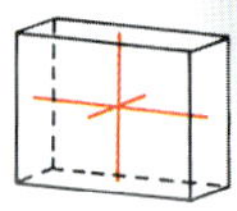

Orthorhombisches System beim Baryt mit drei zweizähligen Achsen

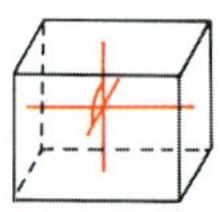

Monoklines System beim Orthoklas mit einer zweizähligen Achse

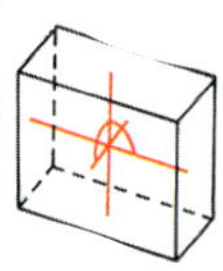

Triklines System beim Axinit ohne Symmetrieachse

RÜCKBLICK

Jean-Baptiste Romé de l'Isle

Der französische Mineraloge Romé de l'Isle (1736–1790) studierte und bestimmte die Formen der Kristalloberflächen. Als Erster bewies er, dass bei ein und derselben Kristallart die Winkel zwischen benachbarten Flächen immer gleich ist.

Ansichtssache

Einige Kristallforscher ordnen das Trigonalsystem dem Hexagonalsystem zu. Die Zahl der Symmetrieachsen ist bei beiden gleich, beim Trigonalsystem sind sie jedoch nur dreizählig.

Kalzit hat die meisten Kristallausprägungen (S. 22–23).

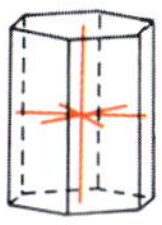

Hexagonales System beim Beryll mit einer sechszähligen Achse

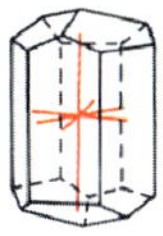

Trigonales System beim Kalzit mit einer dreizähligen Achse

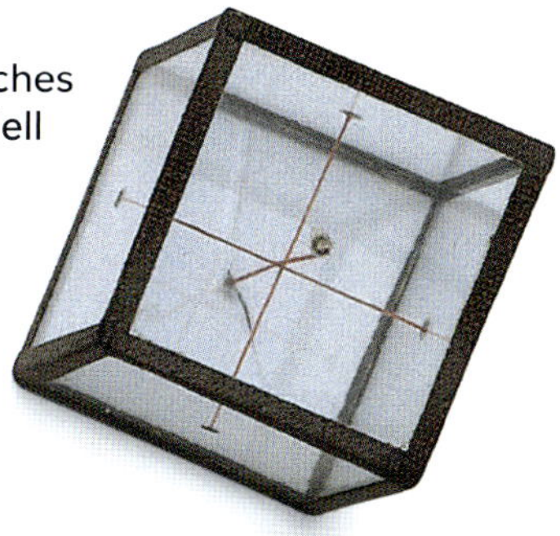

Kubisches Modell

Triklines Modell

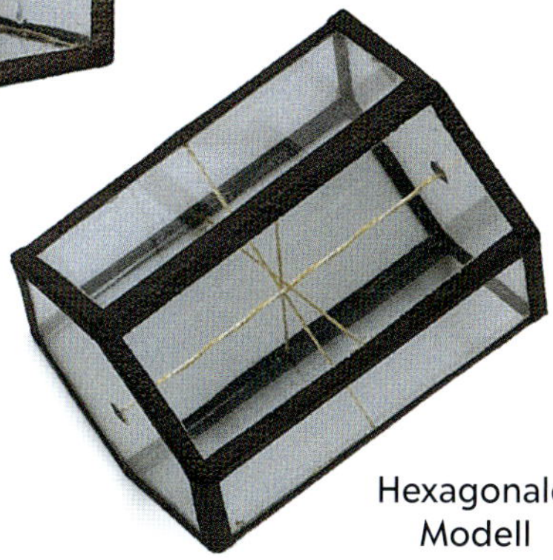

Hexagonales Modell

Kristallmodelle

Die Modelle veranschaulichen die verschiedenen Symmetriearten. Dabei machen die Bindfäden die Drehachsen sichtbar.

Formenvielfalt

Die Kristalle des gleichen Minerals können sehr unterschiedlich aussehen – sowohl was die Größe der Flächen als auch die äußere Gestalt angeht. Wie man hier erkennt, unterscheiden sich diese drei Pyritkristalle mit dem kubischen Kristallsystem deutlich voneinander.

Würfel
Jede der sechs rechtwinklig angeordneten quadratischen Flächen lässt sich über eine der drei vierzähligen Symmetrieachsen spiegeln.

Oktaeder
Er hat acht gleichseitige dreieckige Flächen und drei vierzählige Symmetrieachsen.

Pyritoeder
Dieser – auch Dodekaeder genannte – Körper hat zwölf fünfseitige Flächen.

Dodekaederfläche

Würfelfläche

Oktaederfläche

Kombinierte Formen
Hier sind Würfel- und Oktaederflächen mit kleineren Dodekaederflächen kombiniert.

KRISTALLFORMEN

Verschiedene Varianten der Würfelform:

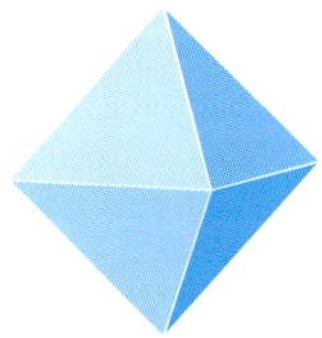

Oktaeder

Würfel und Oktaeder

Würfel

Würfel und Pyritoeder

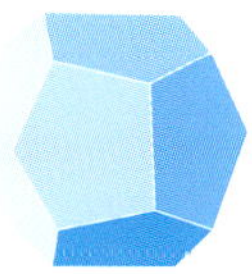

Pyritoeder

Das Innere

Die typische regelmäßige Form eines Kristalls ergibt sich aus der Anordnung seiner Atome. Bei Mineralen ordnen sie sich immer auf die gleiche Weise zu Kristallen. Als einer der Ersten erkannte das 1784 der Franzose Abbé Hauy. Als dann 1895 die Röntgenstrahlen entdeckt wurden, fand der deutsche Physiker Max von Laue heraus, dass sich mit ihrer Hilfe der atomare Aufbau von Kristallen erkennen lässt.

RÜCKBLICK

Kathleen Lonsdale

Die irische Kristallografin Kathleen Lonsdale (1903–1971) war eine Pionierin in der Untersuchung von Kristallen mit Röntgenstrahlen. Dabei entdeckte sie die flache Molekularstruktur der chemischen Verbindung Benzol. Zudem erforschte sie die Herstellung von künstlichen Diamanten.

Grafit

Die Kohlenstoffatome des Grafits bilden sechseckige Kristalle, deren Flächen nur schwach verbunden sind. Dadurch ist das Mineral relativ weich.

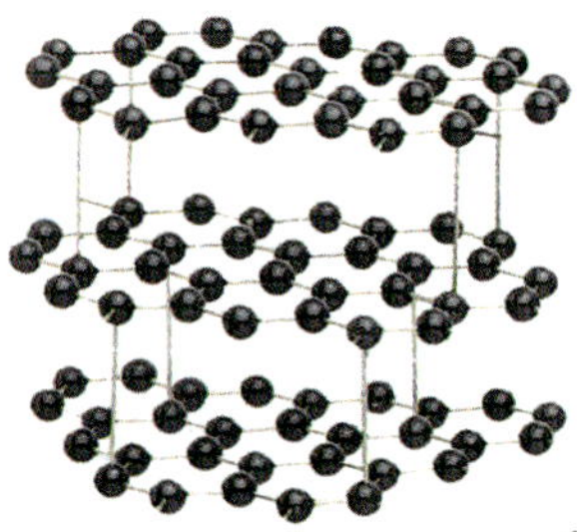

Strukturmodell von Grafit

Diamantkristall

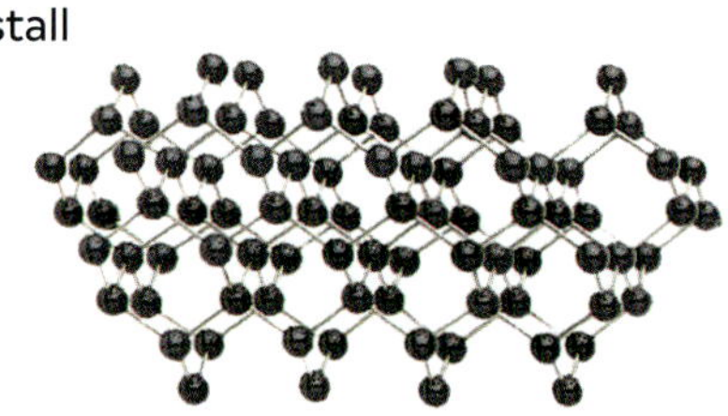

Strukturmodell eines Diamantkristalls

Diamant

Jedes Kohlenstoffatom ist mit vier anderen verbunden. Das macht Diamanten so hart.

Augit

Augit ist ein Mineral der wichtigen Silikatgesteine. Die Struktur der Kristalle baut auf einer einfachen SiO_4-Kette auf.

Modell eines Silikats mit einer einfachen Kette aus SiO_4-Tetraedern

Silikat mit zweifacher Kette aus SiO_4-Tetraedern

Aktinolith

Silikatminerale, darunter Aktinolith, kommen in fast allen Gesteinsarten vor. Bausteine sind jeweils ein Silizium- und vier Sauerstoffatome (SiO_4) in einer Zweierkette von Tetraedern.

ELEKTROMAGNETISCHE WELLEN

Röntgenstrahlen sind elektromagnetische Wellen. Dasselbe gilt für alle Arten von Licht, Radiowellen oder Wärmestrahlung. Die Wellen unterscheiden sich nur in ihrer Länge und Häufigkeit (Frequenz). Das menschliche Auge kann Licht mit verschiedenen Wellenlängen im Farbbereich Rot bis Violett erfassen (S. 16).

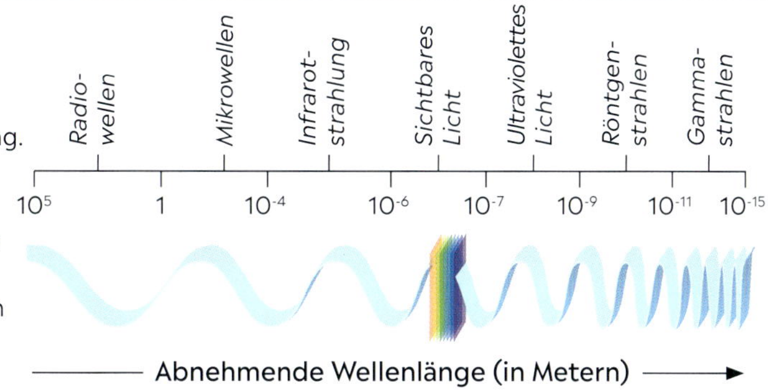

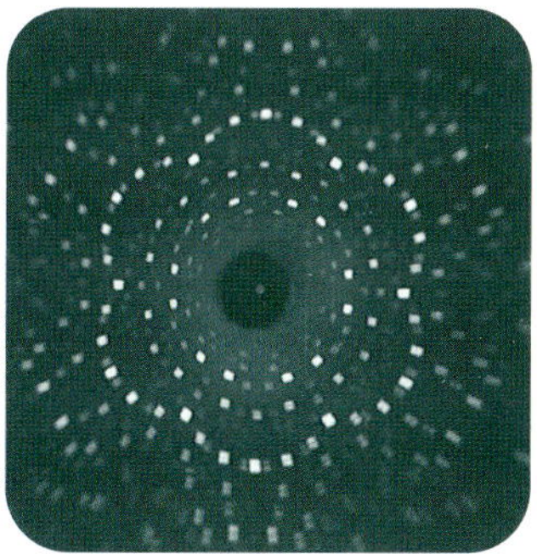

Röntgenbild

1912 machte der deutsche Physiker Max von Laue Röntgenbilder von Kristallstrukturen. Dieses Bild zeigt das symmetrische Muster eines hexagonalen Beryllkristalls.

Beryll

Die Kristalle bei Beryll (S. 38–39) und anderen Silikatmineralen bestehen aus Gruppen von ringförmig angeordneten Tetraedern.

Spaltbarkeit

Einige Kristalle sind entlang sogenannter Spaltflächen spaltbar. Diese bilden sich im schwächsten Bereich der Kristallstruktur und sind eine Folge der regelmäßigen Anordnung der Atome.

Glimmer

Glimmer ist ein Silikat, das aus nur schwach verbundenen Tafeln oder Blättern besteht und deshalb leicht spaltbar ist.

Topas

Dieser blaue Topaskristall aus Madagaskar hat wegen seiner isolierten SiO_4-Gruppen eine perfekte Spaltbarkeit.

Quarz

Quarzkristalle bilden feste Gerüste aus Gittern von Silizium- und Sauerstoffatomen. Sie sind daher nicht leicht spaltbar, sondern zeigen einen uneben-muscheligen Bruch.

Die Farben von **Kristallen**

Manche Kristalle beeindrucken mit ihren intensiven Farben. Unsere Augen nehmen dabei die unterschiedlichen Wellenlängen des Lichts wahr (S. 15). Fällt Tageslicht auf einen Kristall, werden einige Wellenlängen reflektiert, andere absorbiert. Nur wenn einige Wellenlängen absorbiert werden, sehen wir Farben.

Opaker Milchquarz

Transparenter, farbloser Bergkristall

Aus Bergkristall kann man Linsen und Prismen herstellen.

Transluzenter, violetter Amethyst

Transparent bis opak

Kristalle können transparent (lichtdurchlässig und durchsichtig), transluzent (teilweise lichtdurchlässig, aber nicht durchsichtig) oder opak (lichtundurchlässig und nicht durchsichtig) sein.

Idiochromatisch

Idiochromatische (eigenfarbige) Minerale haben eine bestimmte Färbung, da Atome in der Struktur der Kristalle Teile des Lichts absorbieren.

Schon im alten China stellte man aus Schwefel Schießpulver her.

Schwefelkristalle sind brüchig und geruchlos.

Schwefel
Dieses idiochromatische Mineral bildet zumeist leuchtend gelbe Kristalle und findet sich häufig nahe Vulkanschloten (S. 20).

Ein auf Goethit, einem Eisenhydroxid, gebildeter Azurit

Kugelige Kristallform

Azurit
Auf dieses Kupfermineral geht die Farbbezeichnung Azurblau zurück. Bereits im Altertum diente es als Farbpigment.

Allochromatisch

Einige eigentlich farblose Minerale sind allochromatisch, das heißt, sie sind nur durch Verunreinigungen mit stark färbenden Substanzen farbig. So gibt es rote, grüne, gelbe und blaue Quarze und Diamanten.

Rhodochrosit
Manganminerale wie dieses sind meist blassrosa oder rot. Den seltenen Roten Beryll lassen Mangananteile strahlend rot leuchten.

Fluorite
Andere Minerale sind fluoreszent: Sie leuchten unter UV-Licht andersfarbig (S. 15). Dies geschieht durch bestimmte Atome (Aktivatoren) in der Kristallstruktur. Dieser Fluoritkristall ist unter UV-Licht blau und bei Tageslicht grün.

Eine dünne Erythrinkruste auf braunem Gestein

Erythrin
Kobaltminerale sind zumeist pinkfarben oder rötlich. Sie können sonst farblosen Mineralen eine Färbung verleihen.

Farbenspiele

Bei einigen Mineralen sieht man schimmernde Farbenspiele wie auf einem Ölfilm oder einer Seifenblase. Dieser Effekt entsteht, wenn manche Eigenschaften der Kristallstruktur die Lichtbrechung beeinflussen: etwa bei Zwillingskristallen (S. 21), mehreren Spaltungsebenen (S. 15), sehr dünnen Wachstumsschichten oder mikroskopisch kleinen Verwachsungen (S. 21).

Labradorit
Dieser Feldspat kommt oft als mattgraue kristalline Masse vor. Zwillingsbildungen können jedoch Überlagerungen der Lichtwellen verursachen. Dies verleiht dem Mineral einen mehrfarbigen Schimmer.

Salz
Ein fehlendes Atom in der Struktur eines Kristalls kann Färbungen bewirken. Das gilt auch für diesen herkömmlichen Salzkristall.

Kristalle in Form einer sogenannten „Eisenrose“

Hämatit
Das Farbenspiel auf den Kristallen wird durch Lichtstreuungen in den feinen Oberflächenschichten verursacht. Man bezeichnet dies als Irideszenz.

RÜCKBLICK

Isaac Newton
Der berühmte englische Wissenschaftler Sir Isaac Newton (1643–1727) entdeckte, dass man weißes Tageslicht in die sieben Regenbogenfarben aufspalten kann. Dazu hielt er ein Glasprisma in einen Sonnenstrahl und beobachtete die Lichtbrechung.

Bestimmung

Um Kristalle zu bestimmen, untersucht man mit einer Lupe deren Farbe (S. 16–17), natürliche Form (S. 22–23), Spaltbarkeit (S. 15) und andere äußere Merkmale. Härte und Dichte lassen sich mit weiteren Hilfsmitteln feststellen. Um die chemische Zusammensetzung sowie den Aufbau der Kristallstruktur zu ermitteln, benötigt man aufwendige Technik.

Orthoklas: Dichte 2,6

Galenit: Dichte 7,4

Dichte

Ein weiteres Merkmal ist die Dichte (Angabe in g/cm³). Sie gibt das Verhältnis zwischen dem Gewicht des Kristalls und dem Gewicht des gleichen Volumens an Wasser an. Diese beiden Kristalle haben etwa die gleiche Größe, aber eine unterschiedliche Dichte.

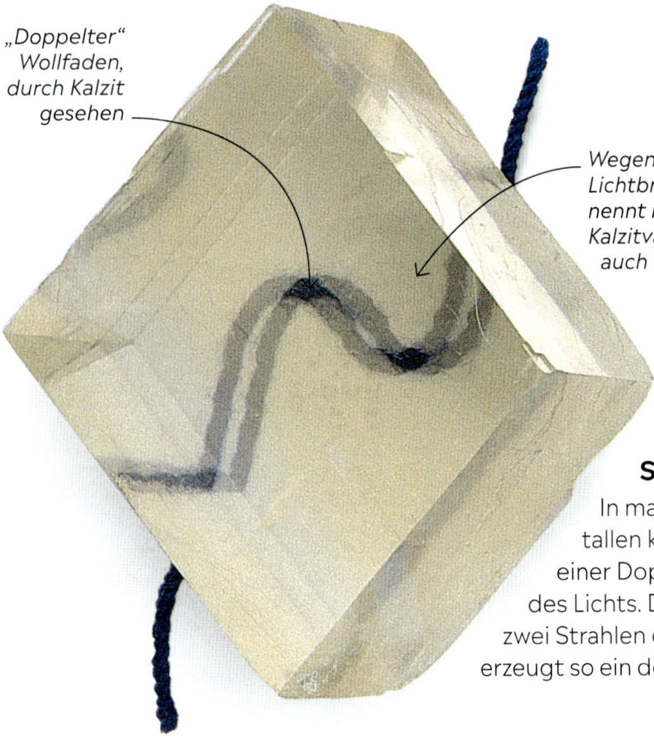

„Doppelter" Wollfaden, durch Kalzit gesehen

Wegen ihrer Lichtbrechung nennt man diese Kalzitvariante auch Doppelspat.

Doppelt sehen

In manchen Kristallen kommt es zu einer Doppelbrechung des Lichts. Dabei ist es in zwei Strahlen geteilt und erzeugt so ein doppeltes Bild.

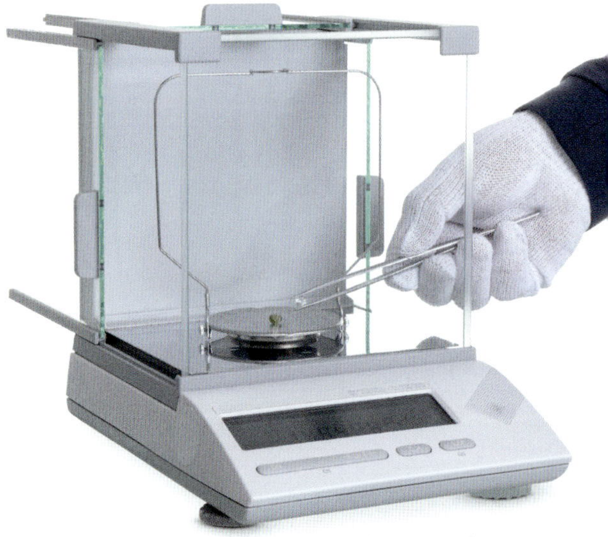

Hydrostatische Waage zur Ermittlung der Dichte

Härte

Die Härte eines Kristalls hängt von den Kräften ab, die die Atome verbinden. Friedrich Mohs entwickelte 1812 mithilfe von zehn Mineralen eine Skala zur Bewertung der Härtegrade. Jedes Mineral kann nur weichere ritzen, die auf der Skala unter ihm stehen. Bei Korund (9) und Diamant (10) wird die Härte sprunghaft größer.

1 Talk

2 Gips

3 Kalzit

4 Fluorit

Rasterfahndung

Mit einem Rasterelektronenmikroskop wurde die chemische Zusammensetzung dieses Diamanten (links) untersucht. Dabei ergab sich ein charakteristisches Bild (unten) im Bereich der Röntgenstrahlen.

Ein Bildschirm zeigt die vom Mikroskop gelieferten Bilder.

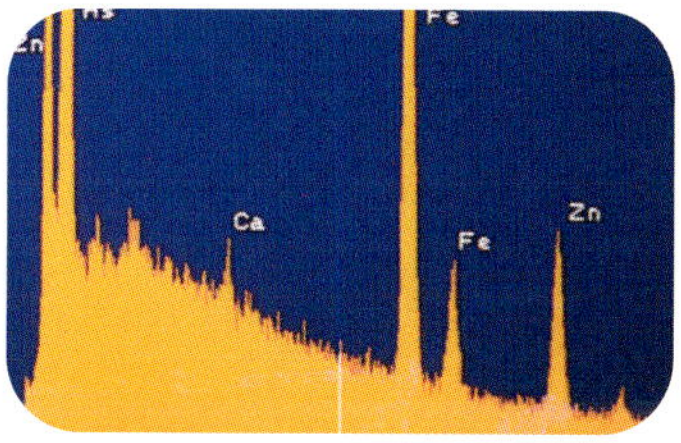

Im Röntgenspektrum zeigen die Spitzen Eisen (Fe), Arsen (As), Kalzium (Ca) und Zink (Zn).

10
Diamant

Wissenschaftlich arbeiten

Mit moderner Technik kann man chemische Zusammensetzungen genau bestimmen. Beim Röntgen erwiesen sich die graublauen Kristalle auf diesem Eisenerz als Symplesit. Weitere Untersuchungen wiesen jedoch unerwartet auch Kalzium- und Zinkanteile nach.

Rubin, verfärbt durch Chrom

Almandin-Granat, verfärbt durch Eisen

Verschlucktes Licht

Gleichfarbige Edelsteine kann man mit einem Spektroskop unterscheiden. Dunkle Bereiche zeigen, welche Wellenlängen des Lichts ein Kristall absorbiert (verschluckt).

9
Korund

Schattenspiele

Man kann mit einem Refraktometer messen, wie stark Licht von einem Kristall gebrochen wird. Dabei geben Schattenlinien den Brechungsindex (n) an, das heißt, wie viel Licht ein Kristall durchlässt.

Spinell: n = 1,71

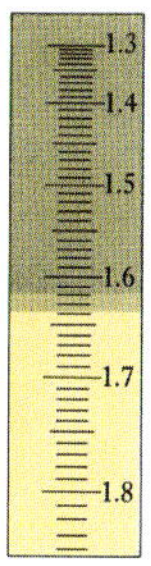

Turmalin: n = 1,62 und 1,6

8
Topas

7
Quarz

5
Apatit

6
Orthoklas

RÜCKBLICK

Friedrich Mohs

Der deutsche Mineraloge Friedrich Mohs (1773–1839) bestimmte Minerale nicht mithilfe ihrer chemischen Zusammensetzung, sondern anhand ihrer physischen Merkmale. Er entwickelte die Mohs-Härteskala, die immer noch angewendet wird.

Wachstum

Kristalle wachsen, indem Atome schichtweise regelmäßige Gitter bilden (S. 14–15) und so die Oberfläche vergrößern. Temperatur, Druck, die chemischen Bedingungen und der vorhandene Raum beeinflussen das Wachstum. In nur einer Stunde ordnen sich Millionen Atome zu einer kristallinen Struktur. Bei dieser hohen Zahl kommt es leicht zu Fehlbildungen. Deshalb sind perfekte Kristalle selten.

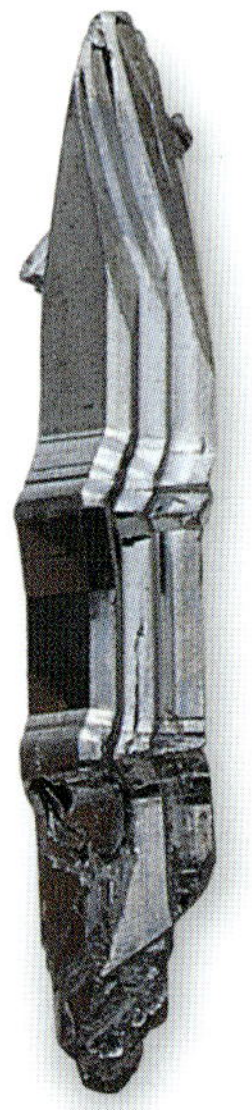

Verdreht

Wohl durch mechanische Einwirkung wachsen manche Kristalle – wie dieser Stibnit – verdreht.

Mineralquellen

Heiße wässrige Lösungen und Gase mit Mineralen wie Salmiak gelangen durch heiße Quellen und vulkanischen Dampfaustritt an die Erdoberfläche und bilden Kristalle.

Kristallisation

Wenn Magma abkühlt, bilden die Minerale Kristalle – oft in Schichten, da die Minerale zu unterschiedlichen Zeiten kristallisieren.

Druck und Hitze

Diese blauen Kyanit- und braunen Staurolithkristalle sind metamorphe Bildungen: Druck und Hitze in der Erdkruste lassen Minerale nochmals kristallisieren und so neue Minerale bilden.

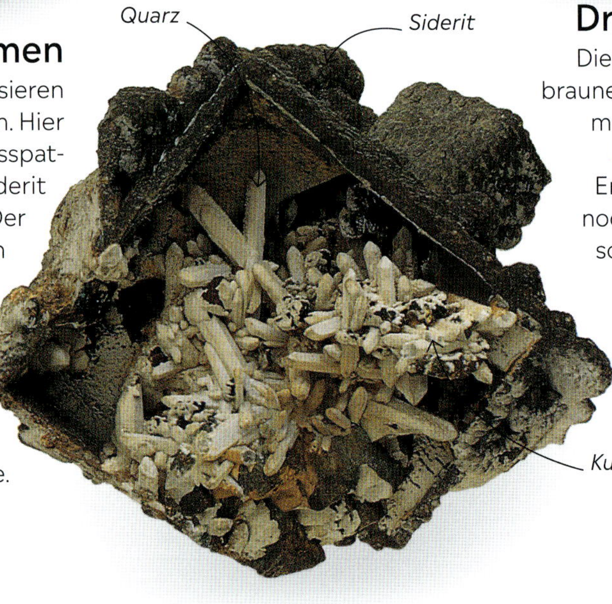

Gestalt annehmen

Viele Minerale kristallisieren aus wässrigen Lösungen. Hier bildete sich ein Flussspatkristall, der von Siderit überzogen wurde. Der Flussspat löste sich wieder auf, doch der Siderit behielt dessen kubische Form bei. Schließlich wuchsen darin Quarz- und Kupferkieskristalle.

Spiralförmig

Durch Wachstumsfehler sind Kristalloberflächen selten wirklich glatt. Das zeigt diese Vergrößerung eines Indiumantimonid-Kristalls mit einer spiralförmig ausgeprägten Oberfläche.

Geätzter Beryll

Lösungen oder heiße Gase können Kristalloberflächen ätzen (links). Dabei entstehen regelmäßige Vertiefungen, die die Struktur des Kristalls widerspiegeln.

Flüssigkeitseinschluss

„Phantom"-Schichten

Einschlüsse

Beim Wachsen kann ein Kristall Flüssigkeiten oder Kristalle anderer Minerale als Fremdkörper einschließen.

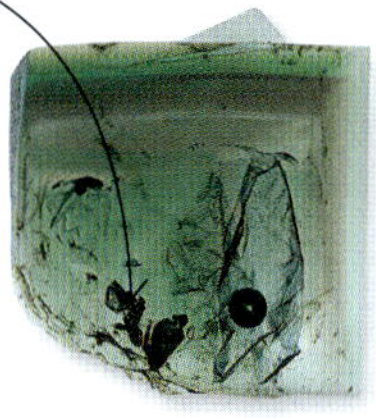

Flussspatkristall mit Einschlüssen

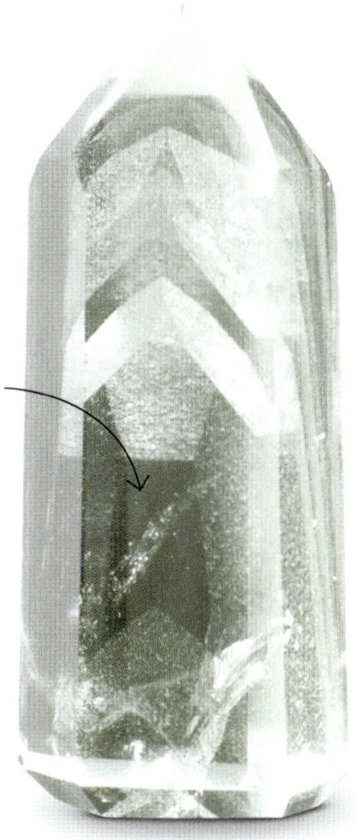

Trichter

Manche Kristalle wie dieser Bleiglanz wachsen an den Kanten schneller als im Zentrum. Auf diese Weise entstehen in der Oberfläche trichterförmige Vertiefungen.

Phantomquarz

Dieser Quarz wurde in einer Wachstumspause von dunkelgrünem Chlorid überzogen, der nun als Phantombildung im Inneren des weitergewachsenen Kristalls einen ungewöhnlichen Einschluss bildet.

Zwillinge

Zwei Kristalle desselben Minerals können an einer gemeinsamen Fläche zusammenwachsen. So kann es auf einer Spiegelebene zu Zwillingsbildungen kommen.

Schmetterlingszwilling
Bei diesem Kalzitkristall hat sich ein Berührungszwilling in Schmetterlingsform gebildet.

Streifen auf einem Pyritkristall

Durchdringungszwilling
Manche Kristalle – wie hier beim Flussspat – durchdringen sich beim Wachstum gegenseitig.

Zwillingsstreifung
Wenn Zwillingsbildungen wachsen, können an ihren Grenzen Störungen entstehen, die an den Kristallkanten zu typischen Streifen führen.

Formen-vielfalt

Die äußere Gestalt eines Kristalls bezeichnet man als Habitus. Dabei spielen die verschiedenen Formentypen (S. 13) eine wichtige Rolle. Doch bei demselben Formtyp (auch „Tracht“ genannt) können die Größenverhältnisse zwischen den einzelnen Flächen und damit der Habitus sehr unterschiedlich ausfallen. Die meisten Minerale bilden keine feinen Kristallstrukturen, sondern nur Gemenge, sogenannte Aggregate.

Tafelig

Der große Wulfenitkristall stammt aus der Red-Cloud-Mine in Arizona (USA). Seinen Habitus nennt man tafelig.

Nadelig

Mesolith bildet radialstrahlige und nadelförmige Kristalle, die so fein sind, dass sie die Haut durchbohren können. Dieses Exemplar kommt aus Mumbai in Indien.

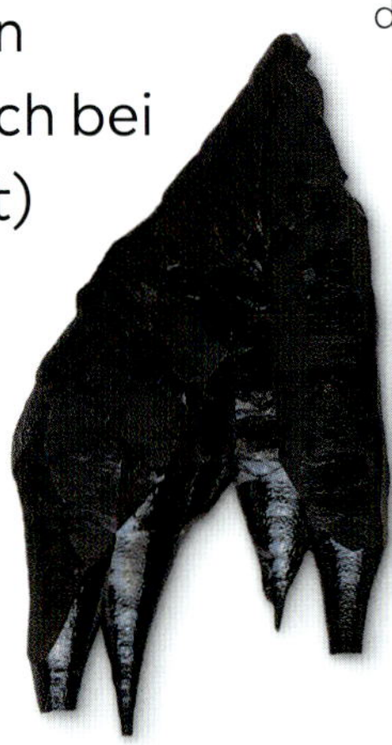

Stalaktitisch

Diese bei Koblenz gefundenen Goethit-Aggregate wurden früher als Eisenerze abgebaut. Ihr an Eiszapfen erinnernder Habitus ist stalaktitisch.

Der „Damm der Riesen“

Diese Gesteinsformation in Nordirland wird nicht von hexagonalen Kristallen gebildet, sondern von Basaltsäulen aus erkalteter Lava.

Kugelig

Aus der Valenciana-Mine in Mexiko stammt dieses Aggregat aus kugelförmigen Kalzitkristallen und klarem Quarz.

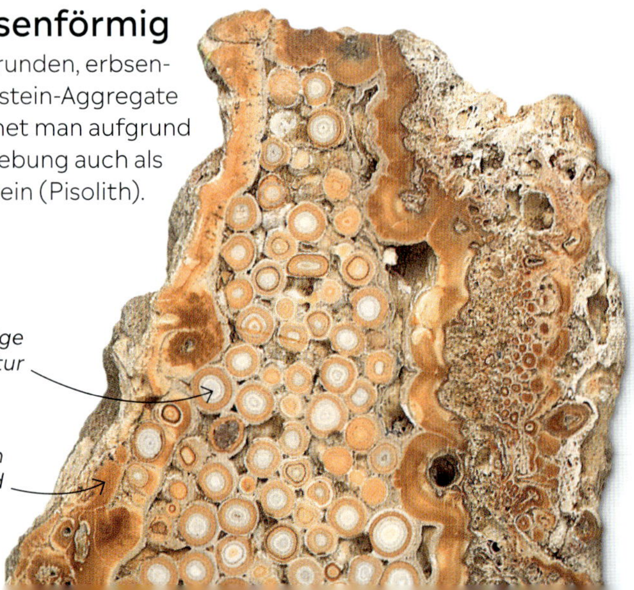

Erbsenförmig

Diese kleinen runden, erbsenförmigen Kalkstein-Aggregate bezeichnet man aufgrund ihrer Formgebung auch als Erbsenstein (Pisolith).

Linsenförmig

Zwei Zwillings-„Ohren“ (S. 21) aus durchsichtigem Gips sind mit diesem großen, linsenförmigen Kristall aus Winnipeg (Kanada) verwachsen.

Korallenartig

Aggregate wie diese aus der österreichischen Steiermark stammenden Aragonitkristalle ähneln in ihrem Habitus Korallen.

Blättrig

Aus langen, dünnen Blättchen besteht dieser prismatische (säulenförmig-eckige) Block aus Hornblende. Bei den weißen Kristallen handelt es sich um Analcim, bei den anderen um Serandit.

Dendritisch

Dendritisch ist der Fachbegriff für eine pflanzenähnliche Verästelung wie bei diesem Kupferkristall aus Broken Hill (Australien). Kupfer kommt oft in den Ablagerungen heißer Flüssigkeiten oder auch in Sandstein vor.

Zwei Formen

Diese „Pilze“ aus Kalzitkristallen zeigen zwei Formen: Auf dem „Stiel“, einem Skalenoeder, sitzt als „Hut“ ein Rhomboeder.

Massige Form

Sind Kristalle nicht einzeln zu erkennen, sondern bilden wie bei diesem Dumortierit aus Bahia (Brasilien) eine dichte Masse, spricht man von einer massigen Form.

Abbau

Schon in prähistorischer Zeit suchten die Menschen nach Lagerstätten von Mineralen. Einige wie Kupfer kommen oft vor, andere wie Gold oder Diamanten sind selten und wertvoller. Damit sich der aufwendige Abbau durch Baggern, Herauswaschen oder in tiefen Bergwerken lohnt, müssen die Lagerstätten ergiebig sein. In großen Mengen werden vor allem Erze gewonnen: Minerale, die nutzbare Metalle enthalten.

Verstreute Körner

Im Tagebau werden Erze mit einem Metallanteil von nur 1% gewonnen. Gestein wie dieses muss komplett verarbeitet werden, obwohl der Kupferkies nur Korngröße erreicht. Dabei entsteht sehr viel „Gangart" (Abfall).

Linsenerzkristalle in einer sekundär angereicherten Schicht

Covellin-Ader (ein Kupfersulfid) in einer sekundär mit Sulfid angereicherten Schicht

Stete Anreicherung

Versickert Wasser im Boden, werden dabei die Gesteinsschichten durch die im Wasser gelösten Elemente sekundär (nachträglich) angereichert. So erhöht sich der Metallgehalt von Erzen. Die angereicherten Schichten von Kupfererzen können Azurit und Linsenerz oder Sulfidminerale wie Bornit und Kupferglanz enthalten.

Kupfererz

Quarz

Reiche Adern

Hoch angereicherte Erzadern können zumeist nur unter Tage (unterirdisch) in Bergwerken abgebaut werden. Diese Quarz- und Kupferader ist in Granitgestein eingeschlossen.

Im Tagebau

In Russland werden weltweit die meisten Diamanten gefördert. Das Bild zeigt den 525 m tiefen Steinbruch der Mirny-Mine. Durch die enorme Tiefe herrschen oben und unten große Temperaturunterschiede und über dem Krater starke Luftverwirbelungen.

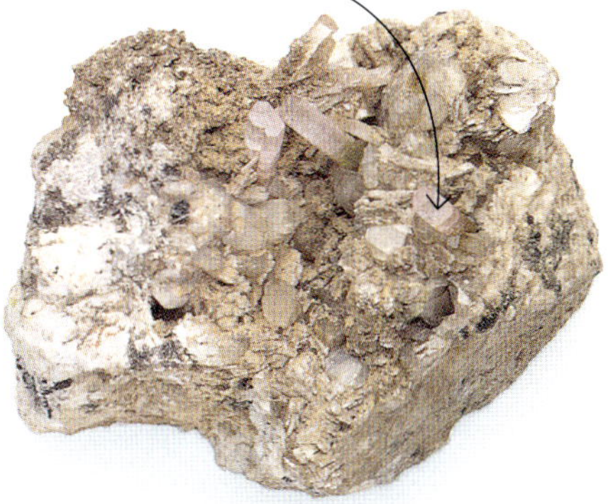

Turmalin-kristall

Gutes braucht Zeit

Vulkanische Granitpegmatite enthalten oft große Schmucksteinkristalle. Die Größe rührt daher, dass die im bereits gefestigten Granit eingeschlossenen Flüssigkeiten nur langsam abkühlen und kristallisieren.

Vergleichsweise klein

Diese Beryllkristalle sind etwa 20 x 14 cm groß, aber noch klein im Vergleich mit manchen Kristallen in Pegmatiten.

Wirbelndes Wasser

Einfache Waschpfannen dienen in Regionen wie Myanmar und Thailand dazu, Minerale zu trennen. Durch kräftiges Schwenken der Pfannen im Wasser werden leichtere, wertlose Minerale ausgewaschen, sodass die schwereren, kostbareren Kristalle zurückbleiben.

Traditionelles Goldwaschen in Thailand

Edelsteine vermischt mit Kies

Unter Tage

Der Abbau vieler Minerale erfolgt unter Tage wie hier in der Mirny-Mine (Russland).

Künstliche
Kristalle

Seit mehr als 100 Jahren züchten Wissenschaftler künstliche Kristalle. Während natürlich gewachsene Exemplare oft fehlerhaft sind (S. 20–21), können sie im Labor perfekt sowie in der gewünschten Form und Größe hergestellt werden. Außerdem sind synthetische Kristalle mittlerweile in der modernen Technologie unentbehrlich. In fast jedem elektronischen oder optischen Gerät werden sie verwendet.

Schmelzverfahren

Viele Smaragde werden künstlich hergestellt, indem ein Pulver mit Bestandteilen des grünen Beryll zusammen mit einem Schmelzmittel erhitzt wird. Während des monatelangen Abkühlungsprozesses bilden sich dann Kristalle.

Synthetischer Smaragdkristall

Geschliffener synthetischer Smaragd

Kristalle ziehen

Da reines Silizium in der Natur nicht vorkommt, stellt man es synthetisch her. Dazu wird Quarzsand zu einer Schmelze erhitzt. In diese taucht man einen Impfkristall an einem drehenden Stab ein und entfernt ihn dann langsam wieder. So wird ein Kristall „gezogen".

Aufzucht im Wasser

Hochwertige Kristalle lassen sich auch durch Abkühlen oder Verdunsten von übersättigten Lösungen mit Salzen wie Halit, Alaun oder Ammoniumdihydrogenphosphat züchten (hydrothermale Methode). Letzteres wurde hier mit Chromalaun-Verunreinigungen in kochendem Wasser aufgelöst und dann abgekühlt.

Übersättigte Salzlösung

Die Lösung kühlt rasch ab. Gedrungene, trübe Kristalle entstehen.

Die Kristalle wachsen langsam und werden dabei durchsichtiger.

Bei Zimmertemperatur und Verdunstung des Wassers wachsen die Kristalle weiter.

Transparente Ammoniumsalzkristalle

Das Wasser kühlt nicht mehr ab, aber verdunstet weiter. Die Kristalle wachsen.

Synthetischer Saphir-Einkristall

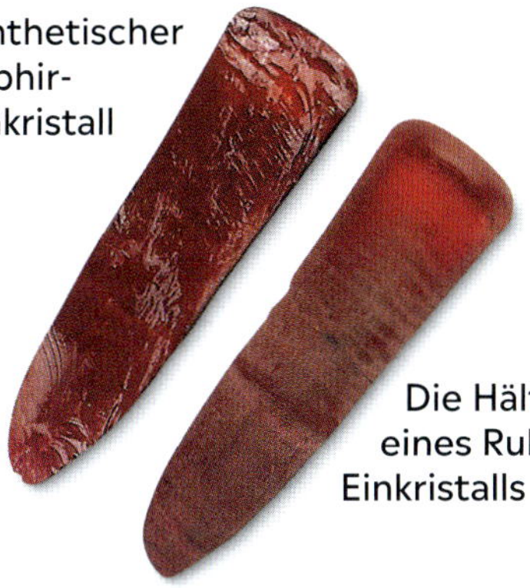

Die Hälften eines Rubin-Einkristalls

Flammschmelzverfahren

August Verneuil gelang es 1902 als Erstem, synthetische Rubine herzustellen. Mit einer Flamme verflüssigte er Mineralpulver zu einer Schmelze, die er auf einen Schamottstab tropfen ließ. Beim Abkühlen bildet sich ein sogenannter Einkristall.

Schamottstab

In einem Schmelztiegel hergestellte Rubine

Skydiamond-Labor in England

Größere Kristalle

Der französische Chemiker Fremy züchtete 1877 erstmals Kristalle in Schmucksteingröße. Und 2020 gründete Dale Vince die Firma Skydiamond, die den in der Luft enthaltenen Kohlenstoff zur nachhaltigen Herstellung synthetischer Diamanten nutzt.

RÜCKBLICK

Henri Moisson

Als er 1893 Meteoritensplitter untersuchte, entdeckte der französische Chemiker Henri Moisson (1852–1907) ein neues Siliziumkarbid. Es wurde nach ihm als Moissanit benannt. Eine synthetische Variante davon dient zur Herstellung künstlicher Diamanten.

Hexagonaler Karborundkristall

Schleifmittel

Siliziumkarbid (Karborund) ist fast so hart wie Diamant und dient als Schleifmittel für optische Linsen. Hergestellt wird es in elektrischen Lichtbogenöfen. Große Siliziumkarbidkristalle werden unter der Bezeichnung Moissanit auch als synthetische Schmucksteine verwendet.

Nützlich

Bei der technischen Fortentwicklung spielen Kristalle eine wichtige Rolle. Sie kommen in elektrischen Regelkreisen und Geräten, in der Elektronik und Kommunikationstechnik, in der Medizin und in Kreditkarten zum Einsatz. Ständig werden in den Labors (S. 26–27) neue Kristalle für neue Aufgaben entwickelt: etwa Rubinlaserstäbe, Siliziumchips und Diamanten für Werkzeuge.

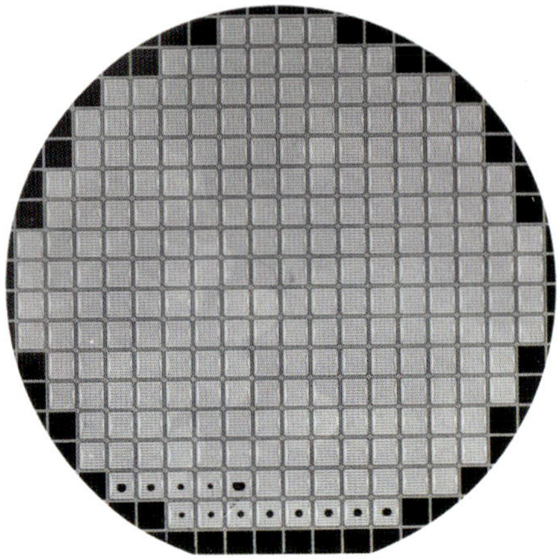

Siliziumchips

Chips werden aus sogenannten Wafers hergestellt: Das sind hauchdünne Scheiben aus künstlich erzeugten Siliziumkristallen (S. 26). In diese werden dann mithilfe einer Maske die elektronischen Schaltungen geätzt.

Platinen

Computer funktionieren nicht ohne Chips, die in den verschiedenen Schaltkreisen bestimmte Aufgaben erfüllen. Verbunden werden sie durch Leiterbahnen auf einer Platine (Trägerplatte).

Die Raumsonde *Pioneer* hatte ein Fenster aus Naturdiamant, das den 450 °C auf der Venus widerstand.

Chipkarten

Kreditkarten, Führerscheine, Ausweise und viele andere Chipkarten enthalten Mikrochips. In den Karten sind Informationen über den Nutzer gespeichert, die von einem Scanner gelesen werden können.

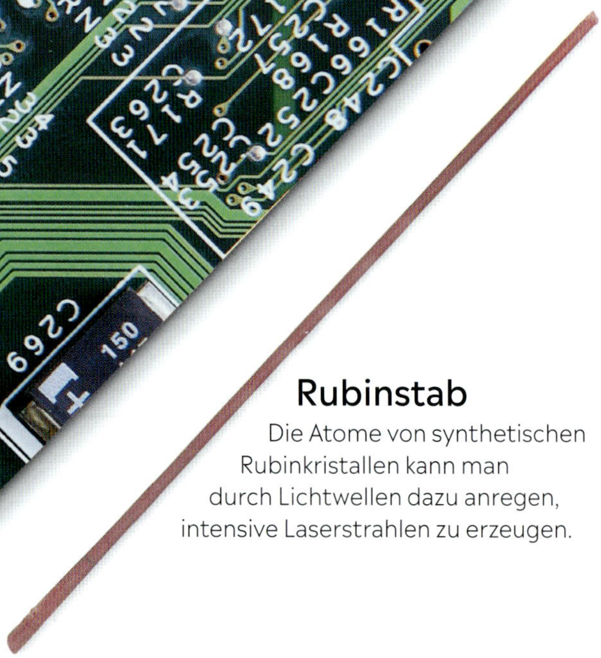

Rubinstab

Die Atome von synthetischen Rubinkristallen kann man durch Lichtwellen dazu anregen, intensive Laserstrahlen zu erzeugen.

LASER

Laserstrahlen können zu winzigen Punkten mit sehr hohen Temperaturen gebündelt werden. Damit kann man kleinste Dinge verschweißen, winzige Löcher bohren oder Operationen durchführen. Bei einem Rubinlaser werden die Kristalle durch Lichtwellen zum Abgeben von Strahlung angeregt, die durch Spiegel gebündelt wird.

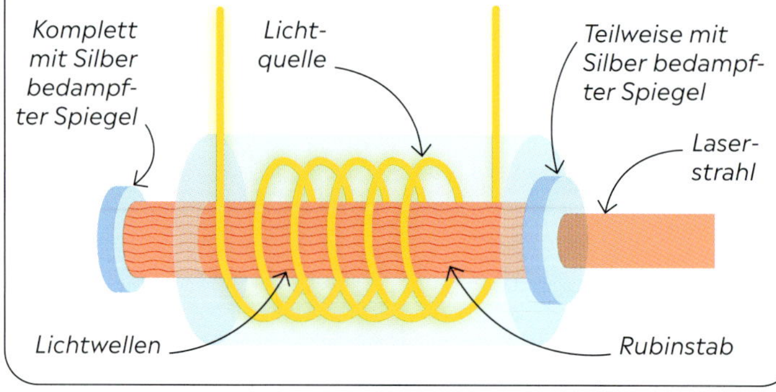

Diamantwerkzeuge

Wegen ihrer Härte werden Diamanten in unterschiedlichster Form und Größe zum Sägen, Schneiden, Bohren und Schleifen verwendet: sei es bei massigem Gestein oder bei Augenoperationen. Mehr als 80 % dieser Industriediamanten werden synthetisch hergestellt.

Bohrspitzen
Bohrer mit Diamantspitzen kommen unter anderem bei Erdölbohrungen zum Einsatz, wenn massige Gesteinsschichten durchbohrt werden müssen. Zum Teil enthalten die Bohrkronen und -meißel Diamanten, zum Teil sind sie mit Diamantschmirgel beschichtet.

Bohrkrone mit aufgesetzten Naturdiamanten

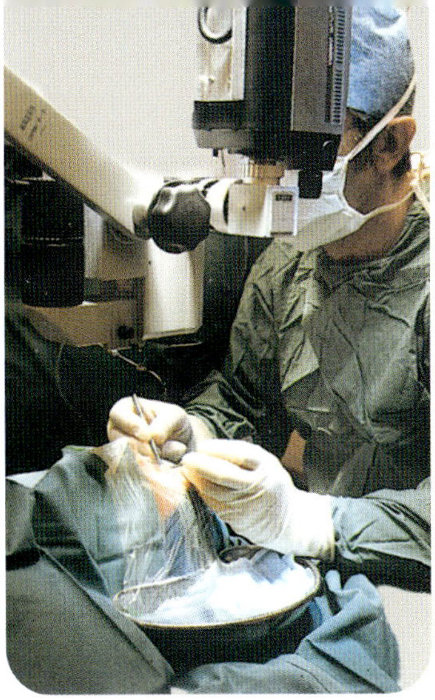

Chirurg mit einem Diamantskalpell bei einer Augenoperation

Diamantskalpell
Da Diamant nicht nur hart, sondern auch rostfrei ist, eignet er sich ideal für chirurgische Instrumente.

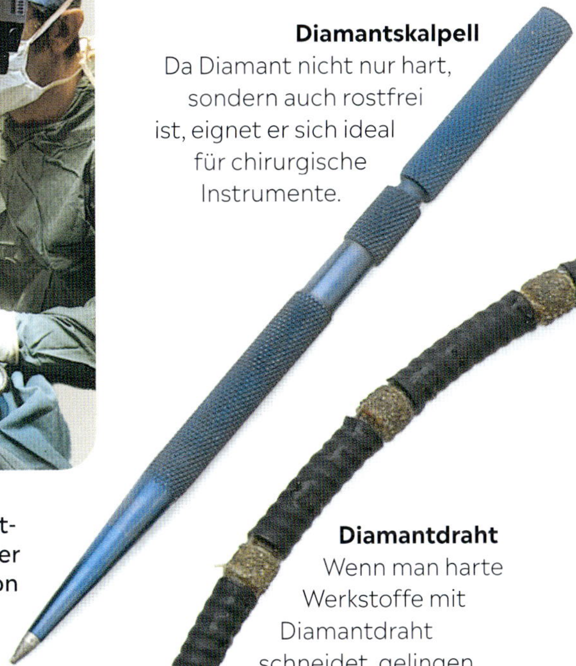

Diamantklinge

Diamantdraht
Wenn man harte Werkstoffe mit Diamantdraht schneidet, gelingen sehr feine Ausschnitte. Dabei entsteht kaum Materialverlust.

Schneidedraht mit synthetischen „Diamantperlen"

Diamantpulver
Pulver aus synthetischen Diamantkristallen dient vor allem zum Schleifen und Polieren.

Schneideteil mit synthetischem Diamantschmirgel

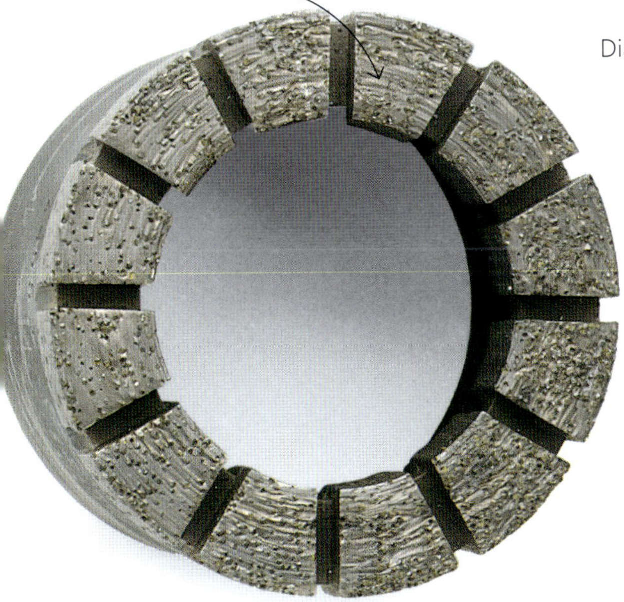

Mit synthetischem Diamantschmirgel beschichtete Bohrkrone

Sägeblätter
Diamantsägeblätter zerschneiden Glas, Keramik und Gestein. Meist sind die Trennscheiben aus Stahl mit einem Messingrand ausgestattet, in den in mehreren Lagen Industriediamanten eingearbeitet sind.

Schwingungen

Quarz ist ein sehr häufig vorkommendes Mineral, das den Hauptbestandteil von Granit, Sandstein und Sand bildet. In Form von Quarzit und Sandstein dient es als Baumaterial und zur Herstellung von Glas. Außerdem zeigt Quarz eine starke piezoelektrische Reaktion. Deshalb nutzt man es zur Erzeugung konstanter Schwingungen, wie man sie für die drahtlose Nachrichtenübertragung beim Fernsehen, Radio oder mit Handys braucht.

Energiewellen

In elektronischen Bauteilen können Quarzkristalle mechanische Kraft – hier durch einen Hammerschlag – in elektrische Energie umwandeln.

Kristalltrio

Dieses Granitpegmatitaggregat (S. 25) besteht aus großen Quarzkristallen in Kombination mit Feldspat und Glimmer.

Hexagonales Prisma

Quarz kristallisiert meist zu sechsseitigen Prismen mit Rhomboeder-Endungen (S. 12–13) und einer dreizähligen Symmetrieachse. Bei vielen Exemplaren zeigen die Kristallflächen verschiedene Wachstumsmuster.

Quarz als Abfallprodukt

Oft enthalten Quarzadern metallische Mineralablagerungen (S. 24). In diesem Fundstück aus der St.-David's-Mine in Wales (Großbritannien) ist es Gold. Bei dessen Abbau bildet der Quarz nur die sogenannte Gangart – Abfall.

RÜCKBLICK

Issac Koga

Der japanische Wissenschaftler Issac Koga erfand 1933 eine besondere Schnitttechnik für synthetische Quarzkristalle. Dadurch waren diese in der Lage, temperaturunabhängig konstante Schwingungen zu erzeugen – ein wichtiger Fortschritt in der Kommunikationstechnik.

Linksdrehung an kleiner Fläche erkennbar

Linksquarz

Rechtsquarz

Rechts oder links

In Quarzkristallen verbinden sich Silizium- und Sauerstoffatome in links- oder rechtsläufigen Spiralen zu Tetraedern (vierseitigen Dreieckspyramiden). Diese Bauform begünstigt die piezoelektrischen Reaktionen von Quarz.

Kristallklar

Bergkristalle wie dieser aus Arkansas (USA) werden nicht nur wegen ihrer Schönheit und Klarheit geschätzt, sondern dienen auch als Heilsteine.

Die graubraune Färbung ist eine Folge natürlicher Gammastrahlung.

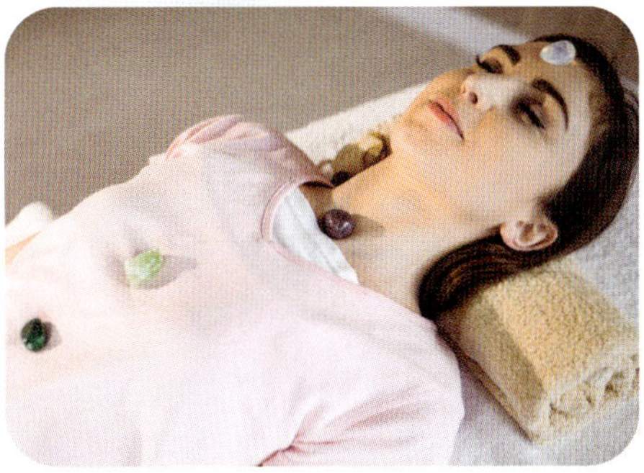

Behandlung mit Kristallen

Alpine Aggregate

Dieses schön geschwungene Rauchquarzaggregat bezeichnet man auch als Gwindel. Es erinnert nicht nur an einen Berg der Alpen, sondern kommt dort auch häufig vor.

Manche sprechen Kristallpendeln eine Heilwirkung zu.

Piezoelektrizität

Jacques Curie entdeckte, dass Druck, den man auf einen Quarzkristall ausübt, darin positive und negative Ladungen erzeugen kann. Diesen Effekt nennt man Piezoelektrizität. Bei Wechselspannung erzeugt ein piezoelektrischer Kristall präzise Schwingungen. Diese benötigt man zur Kontrolle von Funkwellen und bei Quarzuhren.

Jacques und Pierre Curie mit ihren Eltern

Ein reines Kunstprodukt

Synthetische Kristalle wie dieser werden mit der Hydrothermalmethode (S. 26) gezüchtet.

Kernstück

Eine Quarzkristallscheibe sorgt für die exakte Ganggenauigkeit einer Quarzuhr.

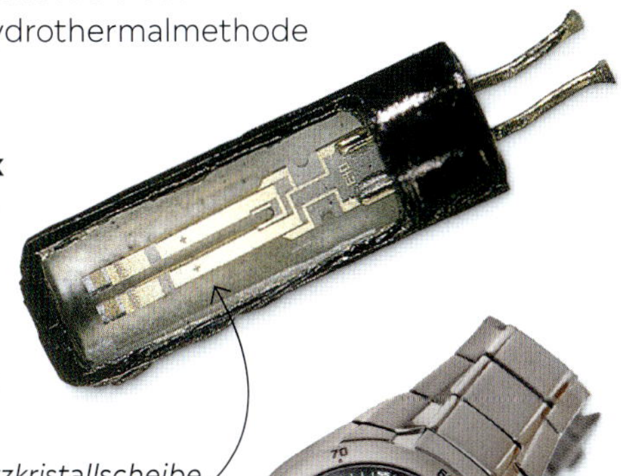

Quarzkristallscheibe

Auf die Hundertstelsekunde

Uhrenquarze schwingen mehr als 30 000-mal pro Sekunde und ermöglichen so eine sehr genaue Zeitmessung.

Quarz

Quarzkristall
Kristallsystem: trigonal; Härte: 7; Dichte: 2,65

Quarz besteht aus Siliziumdioxid. Er bildet nicht nur transparente Kristalle, sondern Varietäten in verschiedensten Formen und Farben mit hohem Fremdmineralanteil (Jaspis und Chalzedon). Unter optimalen Bedingungen werden die Kristalle groß: Ein Rekordexemplar ist sechs Meter lang und 48 Tonnen schwer. Da Quarz keine Spaltbarkeit hat (S. 15), eignet er sich als Schmuckstein ideal zum Schneiden und Polieren.

Sand und Staub
Ob Staub oder Sanddüne: Der Hauptbestandteil ist Quarz. Wehender Staub kann Minerale bis Härtegrad 6 abtragen.

Varietäten

Zu den Varietäten zählen Amethyst, Rosen- und Rauchquarz, farbloser Eiskristall und gelber Zitrin. Wegen ihrer Größe eignen sich die Kristalle oft als Schmucksteine.

Von rein bis unrein
Farbloser Bergkristall ist die reinste Quarzvarietät. Die Farben der anderen sind Folgen von Verunreinigungen: beim Amethyst und Zitrin durch Eisen.

Amethyst
Die häufigste Quarzausbildung sind Amethyste. Sie werden in Granitadern im russischen Ural und in den Basalthöhlen Brasiliens, Uruguays und Indiens abgebaut.

Rosenquarz
Der meist massiv auftretende Rosenquarz wird oft zu Cabochons geschliffen (S. 59) oder er zeigt einen Stern.

Jaspis
Der feinkörnig-mikrokristalline Jaspis erhält durch farbige Verunreinigungen seine vielfältigen Töne. Das Bild zeigt den Fluss Quebrada de Jaspe in Venezuela, der über ein Bett aus rotem und schwarzem Jaspis fließt.

Hohe Dichte

Viele Arten von Quarz haben eine hohe Dichte. Chalzedon, der in den Varianten Karneol, Chrysopras und Achat auftritt, wächst jedoch faserig, Jaspis dagegen körnig. Tigerauge und Falkenauge entstehen, wenn Quarz und Eisenoxid an die Stelle von Asbestkristallen treten.

Seltenes Stück
Auf dieser goldenen Schatulle aus dem 19. Jh. umrahmen erlesene Edelsteine und Perlen einen herrlichen Zitrin.

Karneol
Hitze verwandelt das in Mineralen enthaltene Eisen in Eisenoxid. So wird aus eher unansehnlichem Chalzedon ein wunderschöner orangeroter Karneol.

Achat
Quarzkristalle kommen in Chalzedon in Schichten vor. Hier kristallisieren sie in einem Lavahohlraum aus.

Poliertes Tigerauge, dessen Lichtreflex der Pupille einer Katze ähnelt

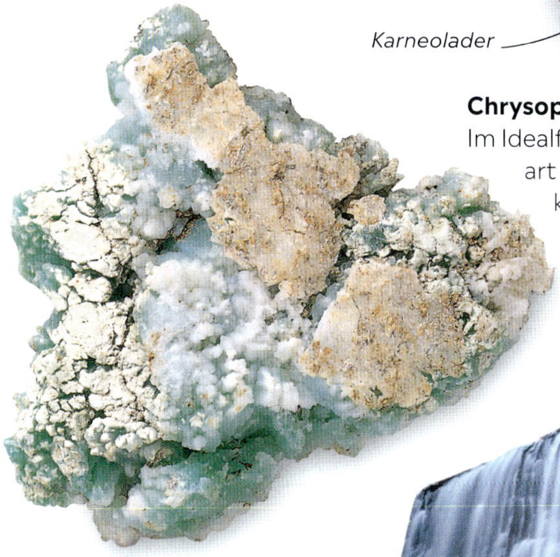

Chrysopras
Im Idealfall entwickelt sich die Chalzedonart Chrysopras zu einem apfelgrünen, kostbaren Schmuckstein, der schon in prähistorischer Zeit hochgeschätzt wurde.

Diamant

Diamant leitet sich vom griechischen Wort *adamas* ab. Es bedeutet „unbezwingbar". Diese Bezeichnung verdankt der Kristall seiner extremen Härte. Er entstand 200 Kilometer tief in der Erde unter hohem Druck aus reinem Kohlenstoff, dessen Atome enorme Bindungskräfte haben (S. 14). In Indien wurden Diamanten vor über 2000 Jahren in Flusskies entdeckt. Heute baut man sie in mehr als 20 Ländern ab. Ein Drittel der Steine kommt aus Russland. Ihr funkelndes Feuer offenbart sich beim Brillantschliff (S. 58).

Kimberlit
Dieser Diamant lagert in Kimberlit. Das vulkanische Gestein wurde erstmals in Kimberley (Südafrika) entdeckt.

Diamantenrausch
Im Jahr 1866 wurden nahe Hopetown (Südafrika) Diamanten gefunden. Ein besonders großer Fund folgte 1869 – der „Stern von Südafrika". Er führte zu einem Diamantenrausch. Aus aller Welt kamen Diamantsucher nach Südafrika, in der Hoffnung, dort reich zu werden.

Diamantkristall
Kristallsystem: kubisch; Härte: 10; Dichte: 3,5

Rohdiamanten
In Kimberlitgestein enthaltene Minendiamanten zeigen oft schon ihren typischen Glanz, während in Flusskies abgelagerte Steine stumpf und trübe aussehen können.

Flussdiamanten

Minendiamant

Unbezwingbar
Napoleons Schwert war mit einem der damals weltweit größten Diamanten besetzt. Der „Regent" sollte dem Kaiser Glück bringen und ihn in Schlachten unbesiegbar machen.

Reiche Mischung
Ein Konglomerat ist eine Mischung aus in Flüssen rund geschliffenem und fest verbackenem Kies und Mineralkörnern. Dieses Konglomerat aus Südafrika ist reich an Diamanten.

Farbspektrum

Meist sind Diamanten nahezu, selten jedoch völlig farblos. Einige haben unterschiedliche Farben, „Fancy"-Diamanten besonders ausgefallene und kräftige.

Funkelnder Falter

Diese Brosche ist mit über 150 Diamanten besetzt.

Fundort Indien

Eingebettet in ein sandiges Konglomerat stammt dieser Rohdiamant aus Hyderabad (Indien), einer Region mit vielen Diamantfunden.

Teure Tabakdose

Die mit Diamanten und einem Porträt von Zar Alexander II. verzierte Tabakdose erhielt Sir Roderick Murchison 1867 als Geschenk für seine geologischen Studien in Russland.

„Diamonds are a girl's best friend"

Diesen Song sang Marilyn Monroe in *Blondinen bevorzugt*. Im Film trug sie einen gelben Diamanten – den „Mond von Baroda".

Berühmte Diamanten

Außergewöhnliche Diamanten haben oft eine lange Geschichte und manche werden von Legenden umrankt.

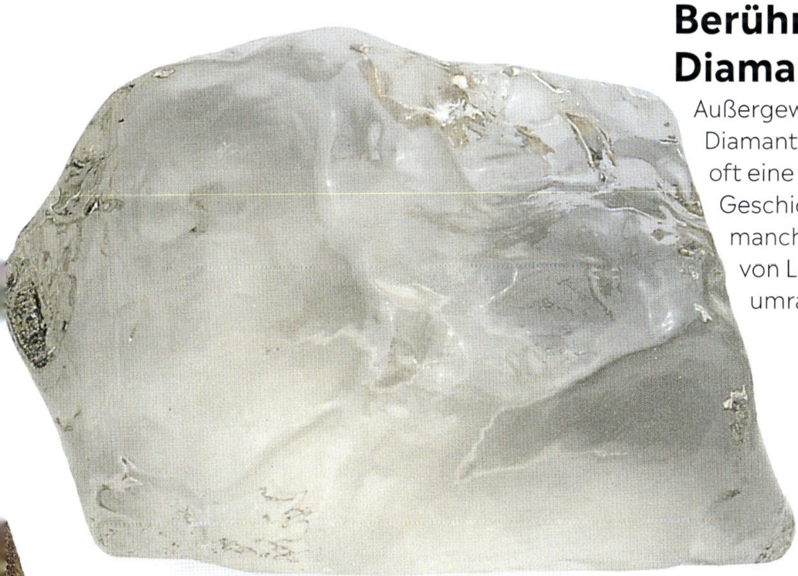

Der König der Diamanten
Der nach seinem südafrikanischen Fundort benannte Cullinan-Diamant (hier dargestellt in Originalgröße) wurde 1905 ans Tageslicht befördert: Mit 3106 Karat ist er der bis heute größte Diamant weltweit. 1908 teilte man ihn in kleinere Steine.

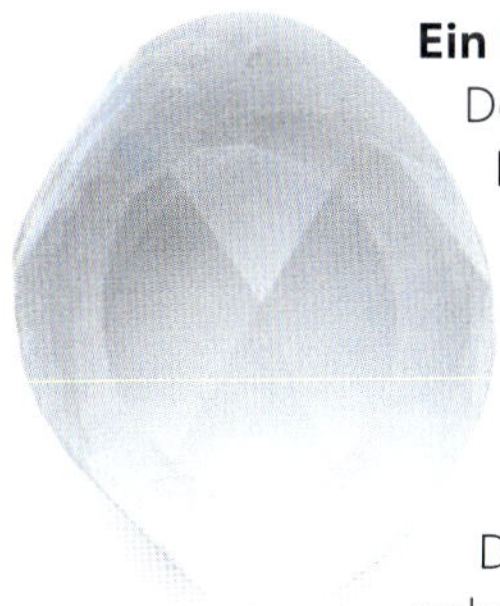

Ein Kronjuwel
Der Koh-i-Noor (Berg des Lichts) gilt als der älteste große Diamant. Einst im Besitz indischer Herrscher, wurde er 1850 Königin Viktoria als Geschenk überreicht. Da sein Schliff wenig gelungen war, wurde er neu bearbeitet (S. 58).

Tiefblau
Es heißt, der 45,52 Karat schwere Hope-Diamant sei verflucht. Heute liegt er im Naturgeschichtlichen Museum von Washington (USA). Seine blaue Farbe verdankt er einem geringen Anteil an Bor.

Korund

Korund, ein Aluminiumoxid, ist nach dem Diamanten das härteste Mineral auf der Welt. Zudem ist er pleochroitisch: Das heißt, je nach Einfallswinkel des Lichts verändert sich die Farbe der Steine. Varietäten sind rote Rubine und blaue Saphire, Letztere gibt es aber auch zum Beispiel in Gelb- oder Rosatönen. Die meisten und berühmtesten Funde stammen aus Sri Lanka, Myanmar und Kaschmir (Indien).

Korund
Kristallsystem: trigonal; Härte: 9; Dichte: 3,96–4,05

Zwillingssaphir

Mit Turmalin verwachsener Saphir

Kaschmirblau
Saphire aus Kaschmir sollen das schönste Blau haben. Der Begriff Kaschmirblau wird aber auch auf andernorts gefundene Saphire angewendet.

Spinell mit Saphir
Saphire werden oft in Edelsteinkiesen zusammen mit Spinellen gefunden. Dieser hier aus Myanmar verwuchs unter hohen Druck- und Temperaturverhältnissen mit Spinellkristallen.

Myanmar-Rubine
Die meisten hochwertigen Rubine kommen aus Mogok (Myanmar). Dort wie auch in Pakistan und Afghanistan sind sie meist in Kalzit eingelagert.

Farbpalette
Reiner Korund ist farblos. Färbungen sind die Folge von Verunreinigungen mit Chrom (rot), Eisen (gelb und grün) oder Eisen und Titan (blau).

RÜCKBLICK

Auguste Verneuil
Das Flammschmelzverfahren zur Herstellung synthetischer Edelsteine entwickelte der französische Chemiker Auguste Verneuil Ende der 1880er-Jahre. Heute produziert man so vor allem Rubine, Saphire und Spinelle.

Edelsteinbasar

Dieses Foto zeigt Rubinhändler auf dem Basar der Stadt Mogok (Myanmar). Korunde in Edelsteinqualität sind selten. Rubine werden manchmal sogar teurer gehandelt als gleich große Diamanten.

Rubinkamee

Dieser mit Edelsteinen besetzte Krug entstand um 1660. Die prächtige Rubinkamee in der Mitte zeigt die englische Königin Elisabeth I.

Sternrubin

Bei einigen Rubinen sorgen haarfeine Rutileinschlüsse (S. 21) für ein sternförmiges Funkeln (Asterismus) wie hier bei dem 138,7 Karat schweren Rosser Reeves-Rubin.

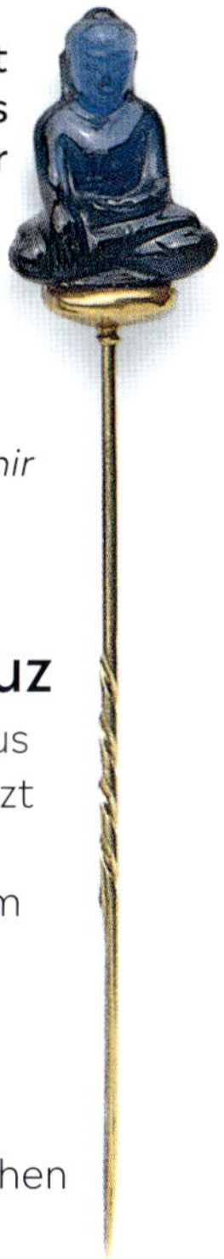

Nadel mit Buddha aus blauem Saphir

Edles Kreuz

Dieses Kreuz aus Silber ist besetzt mit sieben Saphiren, einem tintenblauen Spinell, einem Zitrin, einem Amethyst und einem bräunlichen Zirkon.

Hart wie Stein

Korund kommt überwiegend als opaker, grauer oder brauner Kristall vor, wie dieser Fund auf Madagaskar. Wegen seiner Härte wird das Mineral für Werkzeuge verwendet.

Schmirgelstein

Dieser feinkörnige Stein stammt von der griechischen Insel Ikaria. Das aus reinem Korund, Hämatit und Magnetit bestehende Gemenge dient zum Schleifen und Schmirgeln.

Der Pfauenthron

Schah Dschahan regierte als Großmogul 1627–1658 über Indien. Seinen Pfauenthron zierten Hunderte von Edelsteinen, darunter 108 Rubine.

Beryll

Wegen ihrer Robustheit und schönen Farben sind Berylle beliebte Schmucksteine. Es gibt sie als grüne Smaragde, blaugrüne Aquamarine, gelbe Heliodore und hellrosafarbene Morganite. Beryll kommt in Pegmatit (S. 25) und Granit vor. In unedler Form erreichte ein Beryllkristall auf Madagaskar eine Länge von 18 Metern und ein Gewicht von 36 Tonnen.

Beryllkristall
Kristallsystem: hexagonal; Härte: 7,5; Dichte: 2,63–2,91

Die Krone der Anden
Das kolumbianische Volk der Chibcha baute in Minen Smaragde ab. Diese gelangten durch Handel zu den Inka in Peru und den Azteken in Mexiko. Die Lage der Chivor-Mine fanden die spanischen Eroberer erst 1537 nach langer Suche heraus. Sie erbeuteten Gold und Edelsteine, woraus Kunstgegenstände wie die Krone der Anden (rechts) gefertigt wurden.

Aus Russland
Wie bei diesem Fundstück aus dem russischen Ural sind Smaragde oft in Glimmerschiefer eingeschlossen.

Geologe mit einem Smaragd in der Muzo-Mine (Kolumbien)

In weißem Kalzit eingebetteter Smaragd

Äußerst begehrt
Die weltweit prachtvollsten Smaragde kommen aus den Regionen Muzo und Chivor in Kolumbien. Viele werden illegal abgebaut und exportiert.

Alte Minen

In Ägypten gab es nahe dem Roten Meer schon 1500 v. Chr. Smaragdminen. Sie wurden 1816 wiederentdeckt, erwiesen sich aber als unergiebig. Diesen alten Zugang fand man um 1900.

Edler Schliff

Dieser 911-karätige, wunderschön geschliffene Aquamarin liegt in einem Museum in den USA.

Nur zweite Wahl

Noch heute findet man in Ägypten in Granit-, Schiefer- und Serpentinschichten Smaragde. Die meisten der blaugrünen Kristalle haben aber zahlreiche Einschlüsse.

Seltenes Rot

Roter Beryll ist äußerst selten. Er kommt nur in vulkanischem Rhyolithgestein vor, das es vor allem im Westen der USA und in Mexiko gibt. Weitere Fundorte sind Madagaskar und Afghanistan.

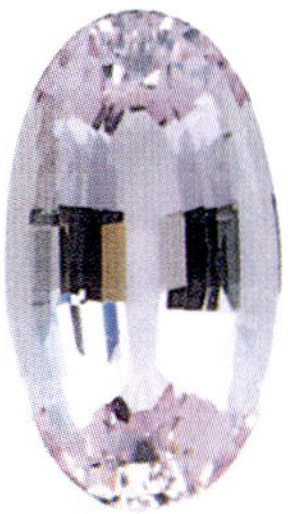

Metallfarben

Reiner Beryll ist farblos, erst Metalle sorgen für Farbe: Rot und rosa wird er durch Mangan, blau und gelb durch Eisen, grün durch Chrom und Vanadium.

Meergrün

Wörtlich bezieht sich Aquamarin auf die Farbe von Meerwasser. Beim Beryll wird sie durch Eisenanteile bewirkt. Aquamarine findet man vor allem in Brasilien.

In Schichten

Dieser brasilianische Beryllkristall in Schmucksteinqualität besteht aus einer Morganit- und einer Heliodorschicht.

Türkischer Dolch

Zu den Schätzen des Topkapi-Palasts in Istanbul zählt dieser Dolch aus dem 18. Jh. Sein Griff ist mit feinen Smaragden verziert.

Opal

Bei den Römern galten Opale als Symbol der Macht, später auch teilweise als Unglücksbringer. Vor 500 Jahren wurden sie von den Azteken in Mittelamerika abgebaut – von dort kommen noch immer vor allem Feueropale. Schwarze und weiße Opale stammen heute überwiegend aus Australien. Der Opal ist einer der wenigen nicht kristallinen Edelsteine und splittert gern.

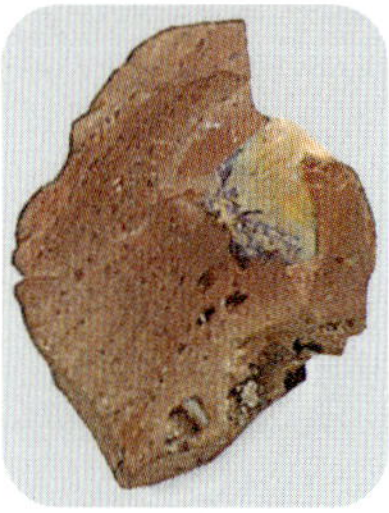

Opal
Kristallsystem: amorph; Härte: 5,5–6,5; Dichte: 1,98–2,25

Glanzlos
Zu den Gemeinen Opalen, die nicht mehrfarbig schillern, zählt der rosa Opal. Er wird gern zu Schmuck verarbeitet. Dieser hier kommt aus Frankreich, andere oft aus Idaho (USA).

Die Pest
Als die Pest in Venedig wütete, sah man Opale als Unheilbringer an: Man sagte, sie würden leuchten, wenn der Träger erkrankte, und eintrüben, wenn er starb.

Lichtblitze
Die edelsten schwarzen Opale kommen aus Lightning Ridge in Australien. Vor der dunklen Grundfarbe wirken die Farbblitze besonders dramatisch. Deshalb und wegen seiner Seltenheit ist schwarzer Opal so kostbar.

Gläsern
Dieser klare Hyalit oder Glasopal bildet sich in Hohlräumen vulkanischer Lava. Berühmt und begehrt wegen ihres intensiven Farbenspiels sind Wasser- oder Feueropale. Der opake Hydrophan wird in Wasser transparent.

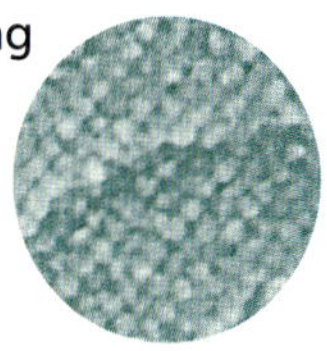

Starke Vergrößerung der geordneten Siliziumdioxidstruktur eines prächtigen Opals

Australische Opale

Australiens Opalvorkommen lagern im Sedimentgestein des Großen Artesischen Beckens. Die bedeutendsten Minen befinden sich in White Cliffs, Lightning Ridge – und vor allem in Coober Pedy. Von dort stammen 70 % der weltweit abgebauten Opale.

Schillernd

Ihre Siliziumdioxidstruktur lässt Edelopale verschieden schillern. Schwarzer Opal hat einen dunklen Hintergrund. Die anderen Arten nennt man weiß.

Wie eine Karte

Opalbroschen in der Form Australiens symbolisierten die wachsende Bedeutung des Kontinents für den Abbau des Minerals.

Kühle Wohnung

Die Gebiete, in denen in Australien Opale abgebaut werden, sind sehr heiß. Nicht mehr genutzte Minen werden daher oberflächennah gern als kühle Wohnräume genutzt.

Feuerwerk

Mexiko ist berühmt für seine Feueropale: Eine nahezu transparente Varietät, die ein Farbfeuerwerk von Gelb bis Orange und Rot zeigt.

Gemeiner Opal

Austausch

Wie hier bei einem Stück Holz kann Opal Stück für Stück die Knochen, Schalen und Holzfasern von versteinerten Tieren und Pflanzen (Fossilien) ersetzen.

Boulder-Opal

Enthält diese Mischung aus Ton, Eisenoxid und prächtigem Opal genug Eisen, bekommt der Stein eine dunkle Farbe. In seine glatten Opaloberflächen können Kameen geschnitten werden.

Ein australischer schwarzer Opal in seiner Matrix

Früchte aus Opal

Die Glauberitkristalle dieses radialstrahligen Aggregats wurden vollständig durch Edelopal ersetzt. Einen solchen Fund nennen Australier „Opal-Ananas“.

Andere **Schmucksteine**

Ein Schmuckstein muss prachtvoll, selten und haltbar sein. Das trifft nicht nur auf die bisher vorgestellten Kristalle zu, sondern auch auf Topase, Turmaline, Granate und Peridote. Kunzit, Titanit und Fluorit sind ebenfalls schön, aber zu weich oder zu selten: Sie werden nur für Sammler geschliffen.

Perlen

Auch Perlen bestehen aus Kristallen. In Japan tauchen seit Jahrhunderten *Ama* nach ihnen – die „Frauen des Meeres".

Topaskristall
Kristallsystem: orthorhombisch; Härte: 8; Dichte: 3,52–3,56

Topas

Der Topas erhielt seinen Namen erst im 18. Jahrhundert, und zwar nach dem griechischen Wort *topazos*: So wurde in der Antike die Insel Zeberged im Roten Meer bezeichnet.

Höchste Qualität
Die edelsten Topase – hier in Prismenform – kommen aus Ouro Prêto in Brasilien. Sie zeigen Farbübergänge von Goldbraun hin zu Pinktönen.

Fundorte
Wie die meisten Topase stammt dieser blassblaue Kristall aus Brasilien. Weitere Vorkommen sind in den USA, Japan und Russland.

Zerbrechlich
Trotz seiner Härte ist der Topas in einer Ebene vollkommen spaltbar (S. 15), wie hier zu sehen ist. Bei der Bearbeitung darf er nur sehr vorsichtig geschliffen werden, damit er nicht zerbricht.

Verwechslung
Topase werden manchmal mit Diamanten verwechselt: Beide kommen in Kies vor und haben eine ähnliche Dichte.

Farbpalette
Topase sind Aluminiumsilikate und bestehen zu 20 % aus Wasser und Fluor. Mehr Wasser färbt den Topas braun oder pinkfarben, mehr Fluor macht ihn blau oder farblos.

„Die Brasilianische Prinzessin"
Dieser 1977 geschliffene Topas hat 21 327 Karat. Größer noch ist der El-Dorado mit 31 000 Karat.

Turmalin

Dieses Mineral kristallisiert zu einem Prisma mit flachen oder kantigen Enden, die sich in ihrer chemischen Struktur unterscheiden. Dadurch reagieren die Kristalle piezoelektrisch: Werden sie erwärmt, lädt sich das eine Ende positiv auf und das andere negativ.

Turmalin kommt von dem singhalesischen Wort *thuramali*: Auf Sri Lanka ist das die Bezeichnung für farbige Edelsteine.

Turmalin ist ein sprödes Mineral.

Turmalinkristall
Kristallsystem: trigonal; Härte: 7–7,5; Dichte: 3–3,25

Turmalinkristall

Seltene Verwachsung
Hier bildete sich zuerst der prismenförmige Quarzkristall, an dessen Enden sich dann der grüne Turmalin anlagerte.

Geschliffener zweifarbiger Wassermelonenturmalin

Eingerahmt
Der Querschnitt zeigt die dreizählige Symmetrie und die Dreiecksform im sechseckigen Rahmen. Die Farbzonen kennzeichnen die Aufbauschichten des Turmalins.

Schwarz und grün
Turmaline sind pleochroitisch: Betrachtet man sie aus unterschiedlichen Winkeln, verändert sich ihre Farbe.

Vielfarbig
Turmaline haben eine umfangreiche Farbpalette. Einige wie der Wassermelonenturmalin haben mehrere Farben.

In Granit eingelagert
Edelturmaline wie die aus Brasilien kommen meist in Granitpegmatit-Adern (S. 25) vor.

Turmalinkristall

Fortsetzung von S. 43

Ring mit einem Almandin-Granat

Granatkristall
Kristallsystem: kubisch;
Härte: 6,5–7,5;
Dichte: 3,52–4,32

Granat

Granate umfassen eine Gruppe chemisch verwandter Minerale wie Almandin, Pyrop, Spessartin, Grossular oder Andradit. Sie alle kommen in Schmucksteinqualität vor: besonders in Südafrika, Brasilien, Australien, den USA und in Mexiko. Wegen ihrer unterschiedlichen chemischen Beschaffenheit gibt es Granate in vielen Farben, nur nicht in Blau.

Geschliffener Demantoid-Granat

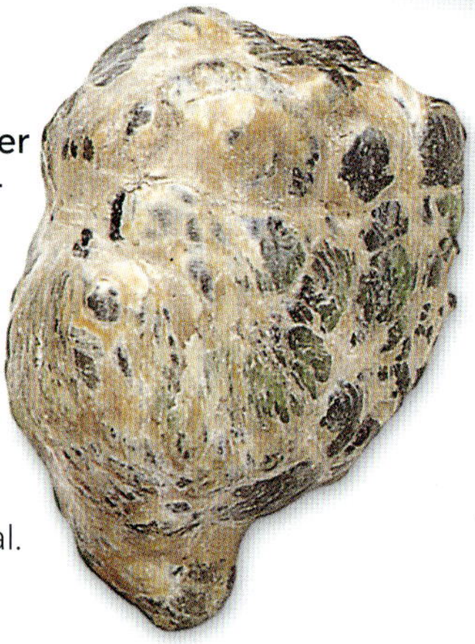

Demantoid
Der smaragdgrüne Granat ist am kostbarsten. Dieser stammt aus dem russischen Ural.

Geschliffener Pyrop-Granat

Pyrop
Solche tiefroten Granate werden seit der Bronzezeit in Böhmen (heutiges Tschechien) abgebaut.

Bei einem Granat-Cloisonné werden Granate mit Gold verziert.

Almandin
Granate wie dieser Almandin bilden oft Polyeder mit 24 Seitenflächen. Wegen seiner intensiven Färbung schleift man Almandine oft zu Cabochons (S. 59).

Spessartin-Cabochon

Spessartin
Mangan bewirkt diese herrliche Orangefärbung. Solche Edelkristalle sind sehr selten.

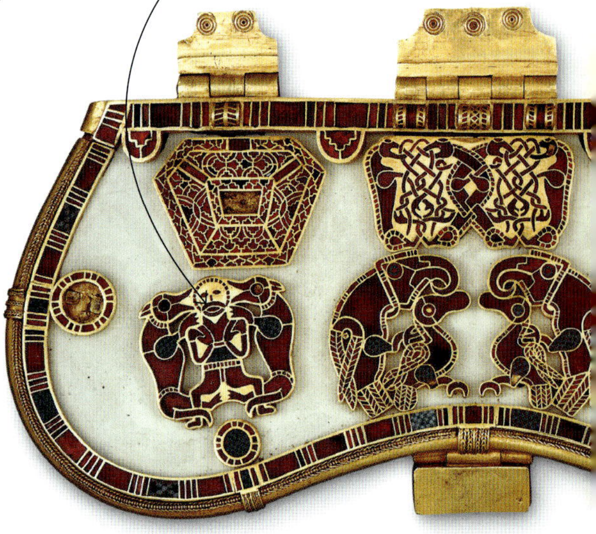

Ein Mann mit Schnurrbart steht zwischen zwei Wölfen.

Für einen König
Diesen mit Granaten besetzten Deckel einer Geldschatulle aus dem 7. Jh. fand man im Begräbnisschiff eines angelsächsischen Königs.

Andradit
Die meisten Andradit-Granate sind unedel. Nur Demantoid, Topazolith und dieser schwarze Melanit werden zu Schmucksteinen verarbeitet.

Geschliffene Grossular-Granate

Farbenspiele
Vanadium färbt Grossular grün, Eisen hingegen gelb und rot. Die rote Varietät heißt Hessonit.

Grossular
Grossular-Granate ähneln Stachelbeeren, lateinisch *Ribes grossularia*. Davon leitet sich die Bezeichnung der Granate ab. Dieses rosafarbene Exemplar aus Mexiko zeigt die charakteristische Dodekaederform.

Peridot

Der Peridot ist die Schmucksteinvarietät der Mineralgruppe Olivin, eines olivgrünen Magnesium- und Eisensilikats, das häufig in vulkanischem Gestein vorkommt.

Vulkanische Bombe
Diese verfestigte Lava ist reich an Olivin. Sie wurde tief aus der Erde bei einem Vulkanausbruch herausgeschleudert.

Lava

Olivinreiches Gestein

Peridotkristall
Kristallsystem: orthorhombisch; Härte: 6,5; Dichte: 3,22–3,40

Mit Peridot besetzter Ring

Geschliffener Peridot aus Myanmar

Geschliffener Peridot aus Arizona

Geschliffener Peridot aus Norwegen

Peridotvorkommen

Früher kamen schleifwürdige Peridote vor allem aus Ägypten. Heute stammen die oft mehr als zehnkarätigen Schmucksteine aus Myanmar oder Pakistan.

Insulaner
Peridot verwächst meistens mit anderen Mineralen. Diese edlen und reinen Kristalle stammen von Zeberged, einer ägyptischen Insel im Roten Meer.

Mond- und Sonnenstein

Feldspate sind weit verbreitet und bilden eine Gruppe eng verwandter Minerale aus Aluminiumsilikaten. Ihre Härte liegt bei 6–6,5, ihre Dichte bei 2,56–2,76. Zu den seltenen Varietäten in Schmucksteinqualität zählen Mondstein und Sonnenstein.

Blauer Schimmer
Die meisten Mondsteine sind farblos mit einem blauen Schimmer. Einige sind grau (oft mit Katzenaugeneffekt, S. 59), orange, gelb oder blassgrün.

Sonnenstein
Das Schillern bewirken winzige, dunkelrote Hämatit-Teilchen, die das Sonnenlicht reflektieren.

Mondstein
Dieser Feldspat-Pegmatit aus Myanmar hat den typischen Mondstein-Schimmer. Auch auf Sri Lanka und in Indien findet man Mondstein in Pegmatit (S. 25) eingelagert.

Nadel mit gefasstem Mondstein

Ring mit gefasstem Mondstein

Fortsetzung auf der nächsten Seite

Fortsetzung von S. 45

Spinell

Rote und blaue Spinelle kann man farblich mit Rubinen und Saphiren verwechseln. Erst im 19. Jh. gelang es dem Mineralogen Romé de l'Isle, rote Spinelle eindeutig von Rubinen zu unterscheiden. Zuvor wurden Spinelle oft nach dem afghanischen Fundort Balascia (heute: Badachschan) als Balas-Rubine bezeichnet.

Farbpalette
Reiner Spinell ist farblos. Die Rot- und Rosatöne rühren von Chromanteilen her.

Der Rubin des Schwarzen Prinzen

Der Cullinan-II-Diamant

Weitere Kronjuwelen
Der „Rubin des Schwarzen Prinzen" ist in Wirklichkeit ein 170-karätiger Spinell. Darunter prangt auf der britischen Reichskrone der berühmte Diamant Cullinan II (S. 35).

Auf dem Spinell mit dem Namen „Rubin des Schwarzen Prinzen" thront ein kleiner Rubin.

Spinellkristall
Kristallsystem: kubisch; Härte: 8; Dichte: 3,5–3,7

Poliert
Bei diesem Kristall wurde die Oberfläche poliert, um Verunreinigungen zu entfernen.

Leicht verdreht
Gewöhnlich bilden Spinellkristalle Oktaeder. Aber dieses Aggregat ist durch Zwillingsbildung leicht verdreht.

Dornige Kristalle
Bei diesem Gahnit handelt es sich um eine zinkreiche Spinellvarietät. Man erkennt deutlich die dornenförmigen Kristalloktaeder, denen das Mineral seinen Namen verdankt – nach dem lateinischen Wort für Dorn: *spina*.

Spätere Neubildung
In dieser Grundmasse aus weißem Kalzit und Glimmer ist blauer Spinell eingelagert. Vermutlich handelt es sich bei dem Aggregat um verunreinigten Kalkstein, der erneut kristallisierte.

Zirkon

Zirkon leitet sich vom persischen Wort *azargun* (golden) ab. Die Kristalle kommen auf Sri Lanka, in Thailand, Brasilien, Südafrika und Australien vor. Farbloser Zirkon hat das Funkeln und Feuer eines Diamanten, ist aber weicher, hat oft Einschlüsse und zeigt eine Doppelbrechung (S. 18).

In vielen Farben
Zirkon ist in Reinform farblos, präsentiert sich aber infolge unterschiedlichster Verunreinigungen in vielen Farbtönen.

Zirkonkristall
Kristallsystem: tetragonal; Härte: 7,5; Dichte: 4,6–4,7

Radioaktiv
Dieses große Fundstück zeigt eine typische Zirkonfärbung. Einige Zirkone enthalten so viel Uran und Thorium, dass der radioaktive Zerfall dieser Elemente die Struktur der Kristalle zerstört. Sie werden dann amorph.

Wärmebehandlung
Erhitzt man rotbraune Zirkone unter Ausschluss von Sauerstoff, werden sie blau, mit Sauerstoff goldfarben. Farblose Zirkone erzielt man auf beiderlei Weise. Die Farben können verblassen, durch erneutes Erhitzen jedoch aufgefrischt werden.

Naturbraune Zirkonkristalle

Wärmebehandelter blauer Zirkon

Nach Wärmebehandlung geschliffene Zirkone

Chrysoberyll

Nur Diamant und Korund sind härter als Chrysoberyll. Die gelbe, grüne und braune Färbung erhält er durch Eisen- oder Chromanteile. Es gibt drei Varietäten: klare gelbgrüne Steine, Katzenauge und Alexandrit, der wegen seiner deutlichen Farbwechsel berühmt ist.

Beliebt in Portugal
Gelbgrüne Chrysoberylle aus Brasilien erfreuten sich im Portugal des 18. und 19. Jh. großer Beliebtheit.

Chrysoberyllkristall
Kristallsystem: orthorhombisch; Härte: 8,5; Dichte: 3,68–3,78

Geschliffener Alexandrit in natürlichem Licht

Geschliffener Alexandrit in künstlichem Licht

Russischer Alexandrit
Der 1830 im Ural entdeckte und nach Zar Alexander II. benannte Alexandrit erscheint bei Tageslicht grün und in Kunstlicht rot: beides die Farben der kaiserlichen Armee.

Geschliffener gelber Chrysoberyll

Sammler-stücke

Es gibt mehr als 4000 Minerale, doch nur etwa 100 Edelsteinarten, die wegen ihrer Härte (S. 18–19), Haltbarkeit und Seltenheit begehrt sind. Sammler schätzen neben Edelsteinen von ungewöhnlicher Größe oder Farbe auch geschliffene Minerale, die – wie Sphalerit oder Titanit – zu weich oder zu zerbrechlich für Schmuck sind. Benitoit ist zwar gut zu bearbeiten, aber selten.

Tansanit

Die seltene blaue, violette und grau-gelbe Varietät des Minerals Zoisit wurde 1967 in Tansania entdeckt. Grünlich graue Kristalle kann man durch Erhitzen ebenfalls blau färben.

Danburit

Dieses Mineral wurde als farbloser Kristall in einem Pegmatit (S. 25) in der amerikanischen Stadt Danbury (daher der Name) entdeckt. Weitere Danburitvorkommen gibt es in Japan, Mexiko, Russland, Madagaskar und Bolivien.

Titanit

Der gelblich braune bis smaragdgrüne Titanit ist weich, hat aber Brillanz und Feuer. Topexemplare kommen aus den USA, den Schweizer Alpen und Myanmar.

Cordierit

Der ausgeprägt pleochroitische Cordierit zeigt Farbwechsel von Blau zu Grau-Gelb. Deshalb nutzten ihn schon die Wikinger, um ihre Boote nach dem Sonnenstand zu navigieren (S. 60). In Edelsteinqualität kommt er aus Sri Lanka, Myanmar, Madagaskar und Indien.

Alpine Experten

Als Strahler bezeichnet man erfahrene Bergsteiger und Kristallsammler, die in den Alpen nach seltenen Mineralen suchen.

Axinit

Diese keilförmigen Axinite in Brauntönen zeigen aus verschiedenen Betrachtungswinkeln graue und violette Farbenspiele. Früher waren die Kristalle sehr selten. Heute gibt es größere Vorkommen in Sri Lanka, Norwegen, Südamerika, den USA und Tansania.

Sphalerit

Grauschwarzer und opaker Sphalerit (Zinkblende) ist weltweit die Hauptquelle für Zink. Aus Mexiko und Spanien kommen gelbe, grüne und rotbraune Exemplare in Edelsteinqualität. Als Schmucksteine sind sie jedoch zu weich.

Benitoit

Benannt nach seinem Fundort, das San Benito County (USA), hat dieser sehr seltene Kristall eine ähnliche Farbe wie Saphire und ebenso viel Feuer wie Diamanten.

Sphaleritkristalle in der Grundmasse

Ungeschliffene Sphaleritkristalle

Geschliffener Fibrolith

Geschliffener Andalusit

Die San-Benito-Tagebaumine im Jahr 1914 mit einem Erzbehälter (links im Bild)

Fibrolith

Die seltene, 19,84-karätige Varietät des Minerals Sillimanit stammt aus Myanmar. Ebenfalls zur Gruppe der Aluminiumsilikate zählt der Andalusit, der pleochroitisch zwischen Rot und Grün wechselt. In Edelsteinqualität findet man ihn in Brasilien und Sri Lanka.

Skapolith

Diesen Stein gibt es in gelben, rosa und lila Tönen sowie als Katzenaugen-Skapolith (S. 59).

Geschliffener Kunzit

Spodumen

Prächtige, in Reinform farblose Spodumenkristalle kommen in Brasilien, Kalifornien und Afghanistan vor. Varietäten sind der blassrosa gefärbte Kunzit (benannt nach dem Mineralogen G. F. Kunz) und der rare grüne Hiddenit. Diesen findet man vor allem in North Carolina (USA) und auf Sri Lanka.

Kunzitkristall

Sinhalit

Erst 1950 erkannte man die Eigenständigkeit dieses auf Sri Lanka gefundenen seltenen Elements. Es wurde nach dem alten Namen der Insel benannt: Sinhala.

Geschliffener zartgrüner Spodumen

Bearbeitung von Steinen

Malachit

Das leuchtend grüne Kupfermineral ist zwar relativ weich (Härte: 4; Dichte: 3,8), aber als Material für Schmuck beliebt. Geeignete Steine kommen aus der Demokratischen Republik Kongo, Sambia, Namibia, Australien und Russland.

Mikrokristalline Steine und Minerale dienen seit Jahrtausenden als Schmuck und Dekoration. Bereits im alten Ägypten, in China und Mesopotamien nutzte man Jade, Türkis und Lapislazuli für die Kunst der Steinbearbeitung.

Traditionsreicher Türkis
Türkis wird vor allem im Südwesten der USA abgebaut und dort bis heute als Material für indigenen Schmuck verwendet.

Lapislazuli

Das Mineralgemisch enthält vor allem blauen Lasurit, aber auch Anteile an Kalzit und Pyrit. Den reinsten tiefblauen Lapislazuli findet man in Afghanistan (Härte: 5,5; Dichte 2,7–2,9), doch auch in Russland und Chile gibt es Vorkommen.

Persischblau
Der Name Lapislazuli geht auf das persische Wort für Blau zurück. Hier erzeugt Schwefel die Farbe.

Türkis

Die Adern und Einschließungen von Türkis fallen je nach Kupfer- und Eisenanteil eher blau oder grün aus. Die Dichte beträgt 2,6–2,9, die Härte 5–6.

Natürliche Mosaiksteine
Türkis kommt sehr oft in Mosaiken vor. Der feinste blaue Türkis stammt aus dem Iran (früher Persien).

Mittelalterliche Malerei
Lapislazuli wurde im Mittelalter zermahlen, um das Farbpigment Ultramarin zu erhalten. Es wurde auch für das Wilton-Altarbild (1395–1399) verwendet (oben).

Beliebt
Aus Lapislazuli werden Perlenketten und anderer Schmuck hergestellt.

Blauer persischer Türkis mit Goldeinlegearbeit

Maske des Tezcatlipoca
Diese Maske des Aztekengotts wurde im 15. oder 16. Jh. aus Türkis und Holz um einen menschlichen Schädel herum geformt.

Jade

Die spanischen Eroberer Mexikos glaubten, die grünen Steine der Azteken könnten Nierenleiden heilen, und nannten sie deshalb *piedras de hyada* (Nierensteine). Daraus entstand der Name Jade. 1863 entdeckte man, dass Jade aus den beiden Mineralen Jadeit und Nephrit besteht.

Totengewand
Im alten China glaubte man, Jade verleihe ewiges Leben. Daher beerdigte man zum Beispiel im 2. Jh. diese Prinzessin in Gewändern aus Jade, damit der Körper nicht verweste.

Jadeit
Die Farbpalette des hauptsächlich in Myanmar vorkommenden Jadeits (Härte: 6,5–7; Dichte: 3,3–3,5) reicht von Weiß über Gelb bis Grün. Am wertvollsten ist smaragdgrüne Imperial-Jade.

Als Kugel geschliffener Jadeit

Nephrit-Schnecke, Schnecke, geschaffen vom russischen Juwelier Fabergé

Chinesisches Kamel
Ein aus Nephrit gefertigtes Kamel. Weißer Nephrit enthält wenig Eisen, ein höherer Eisengehalt führt zu einer Grün- und Schwarzfärbung.

Nephrit
Die neuseeländischen Maori nutzten Nephrit (Härte: 6,5; Dichte: 2,9–3,1) für Äxte und Meißel.

Weitere Favoriten

Wegen ihrer Farbenpracht werden auch Malachit, Blauer John, Serpentin und Rhodonit in vielfältiger Weise bearbeitet.

Serpentin
Steinschneider lieben Serpentin wegen seines Schlangenhautmusters. Mancher ist weich und leicht zu bearbeiten. Chinesische Künstler bevorzugen den härteren, gelbgrünen Bowenit (Härte: 6).

Bowenit, eine deutlich härte Serpentinvariante

Rhodonit
Der Rosaton (griechisch: *rhodo*) wird durch Mangan hervorgerufen. Mit seiner Härte 6 lässt sich Rhodonit gut bearbeiten.

Blauer John
Dieser Fluorit mit lila und blassgelben Bändern stammt aus Derbyshire in England. Da das Mineral zu Brüchigkeit neigt, wird es häufig mit Harz gebunden.

Vase aus Blauem John (19. Jh.)

Edel-
metalle

Auch Gold, Silber und Platin sind in Reinform kristalline Minerale. Gold und Silber waren schon früh als Edelmetalle begehrt. Das gilt heute auch für Platin. Alle drei sind relativ weich, leicht zu bearbeiten und zugleich recht robust. Sie haben eine hohe Dichte (S. 18).

EINBLICK

Marino Menegazzo
Als letzter Goldschläger Venedigs hämmert Marino Menegazzo Gold in feine Blätter, die 200-mal dünner sind als ein menschliches Haar. In Venedig wird bereits seit mehr als 1000 Jahren das Kunsthandwerk des Goldschlagens betrieben.

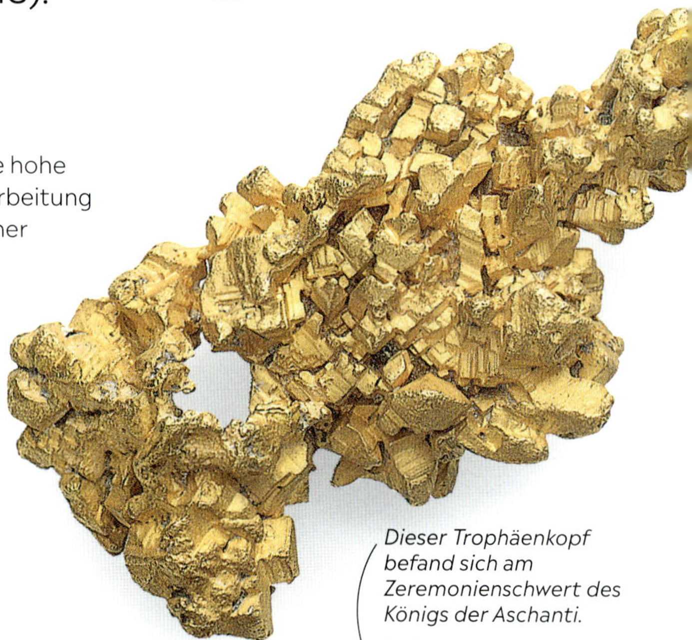

Das Latrobe-Nugget
Einen der größten Goldkristalle der Welt fand man 1855 in Australien. Große Nuggets wie dieses sind extrem selten.

Gold

Gold steht für Reichtum. Pures Gold (24 Karat) hat eine hohe Dichte (19,3), ist aber weich (Härte: 2,5–3). Vor der Verarbeitung wird es gereinigt und oft mit anderen Metallen zu einer härteren Legierung verschmolzen.

Gold-Sandwich
Gold kommt manchmal wie hier in Neuseeland zwischen Quarzschichten als hydrothermal angereicherte Ader vor.

Die Statue ist im Tempel Wat Traimit in Bangkok (Thailand) zu sehen.

Wertvolles Schwergewicht
Der Goldene Buddha von Bangkok besteht aus 5,5 t Gold im Wert von rund 350 Mio. Euro.

Seltener Anblick
Meist bildet Gold kaum sichtbare, im Gestein verteilte Körner. Große Kristalle wie die hier aus Simbabwe sind daher eine Rarität.

Dieser Trophäenkopf befand sich am Zeremonienschwert des Königs der Aschanti.

Macht des Goldes
Das Volk der Aschanti verdankte seine Macht den reichen Goldvorkommen. Es herrschte von 1700–1900 über die Region des heutigen Ghana. Von dort stammt auch dieser goldene Trophäenkopf. Er zeigt das Gesicht eines besiegten Feindes.

Platin

Platin verwendet man in modernen Technologien, als Standardgewicht, für Operationsbestecke und edlen Schmuck. Der Name bedeutet wörtlich „kleines Silber" (spanisch *platina*). Platin kommt in körnigen Nuggets in Russland, Kanada und Südafrika vor.

Platinkrone
Die Krone der verstorbenen Großmutter von König Charles III. ist aus Platin.

Platinader
Dieser platinhaltige Pyroxenit entstammt dem Merensky Reef in Südafrika. Die vulkanische Gesteinslage ist nur 30 cm dick, aber reich an Platin.

Übergroß
Dieses 1,1 kg schwere Platinnugget aus dem russischen Ural ist ungewöhnlich groß.

Gerundet
Platin ist recht weich (Härte: 4–4,5). Kantige Kristalle sind daher selten.

Silber

Kubisch geformte Silberkristalle sind rar. Meistens kommt das weiche Edelmetall (Härte; 2,5–3) in massigen Nuggets oder drahtförmig vor. Im Mittelalter war Silber noch wertvoller als Gold. Heute verwendet man es für Schmuck und wegen seiner elektrischen Leitfähigkeit in der Elektronik.

Ohne Glanz
Diese dendritisch (S. 23) gewachsenen Silberkristalle aus Chile sind angelaufen.

Silberdraht
Dieses Aggregat aus drahtförmigen Silberkristallen, Quarz und Kalzit stammt aus dem Silberbergwerk Kongsberg in Norwegen.

Zugabe
Silber ist heute oft ein Nebenprodukt bei der Förderung von Kupfer- und Blei-Zink-Erzen. Diese Galenitkristalle (ein Bleisulfid) stammen aus der Republik Irland.

Organische Schmucksteine

Bernstein, Gagat, Koralle, Perlen und Perlmutt sind pflanzlichen oder tierischen Ursprungs. Sie haben eine geringere Härte (höchstens 4) und Dichte (höchstens 2,78 bei Perlen) als mineralische Edelsteine, wurden aber wegen ihrer Schönheit schon immer wertgeschätzt. Bereits im 2. Jahrtausend v. Chr. gab es Grabbeilagen aus Bernstein und Perlmutt.

Gagat und Bernstein

Gagat (Jett) ist ein feinkörniges, glänzendes Braunkohlengestein, das sich über Millionen von Jahren aus verrotteten und zusammengepressten Bäumen bildete. Bei Bernstein handelt es sich um versteinertes Baumharz.

Weit gereist
Die baltische Ostseeküste ist der Hauptfundort von Bernstein. Er ist kaum dichter als Salzwasser und wird daher weit mit dem Meer transportiert.

Schwarzer Gagat
Dieser Gagat hat Einschlüsse von Fossilien längst ausgestorbener Tiere. Der unempfindliche Stein kann poliert werden.

Fossiler Ammonit (Kopffüßer)

Korallen

Korallenbänke bestehen aus den versteinerten Kalkskeletten der Hohltiere. Zu den Farbunterschieden kommt es durch die jeweiligen Wachstumsbedingungen und organischen Bestandteile.

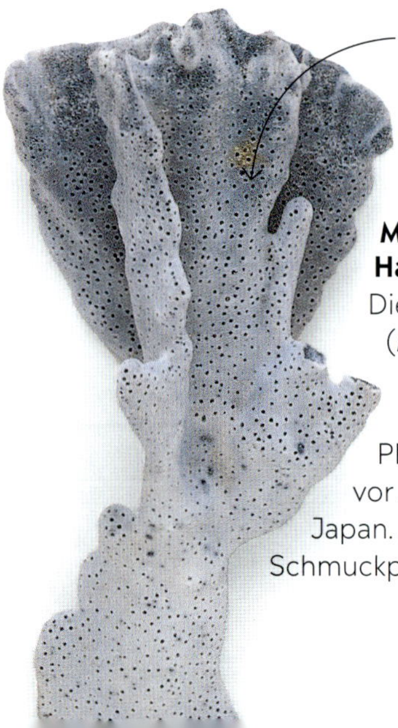

Typische porenartige Vertiefungen

Material für Halsketten
Die Blaue Koralle (*Heliopora coerulea*) wächst im Meer vor den Philippinen sowie vor Australien und Japan. Man stellt aus ihr Schmuckperlen her.

Die Koralle lebt in warmem Meerwasser.

Schillernd

Seeohren heißen die Muscheln mit leuchtend blauem und grünem Perlmuttglanz. In Nordamerika nennt man sie Abalone, in Neuseeland Paua.

Perlen und Muscheln

Das Schimmern von Perlen und einigen Muscheln erzeugen Perlmuttplättchen, die das Licht reflektieren. Perlen entstehen, wenn ein Fremdkörper wie ein Sandkorn von der Muschel mit einer Perlmuttschicht umschlossen wird.

Austernfischer
Seit mehr als 2000 Jahren taucht man im Arabischen Golf nach Austernperlen. Heute werden Austernfarmen zur Produktion von Zuchtperlen betrieben.

Farbige Perlen
Perlen gibt es in vielen Farben, darunter Gelb, Rosa und Creme.

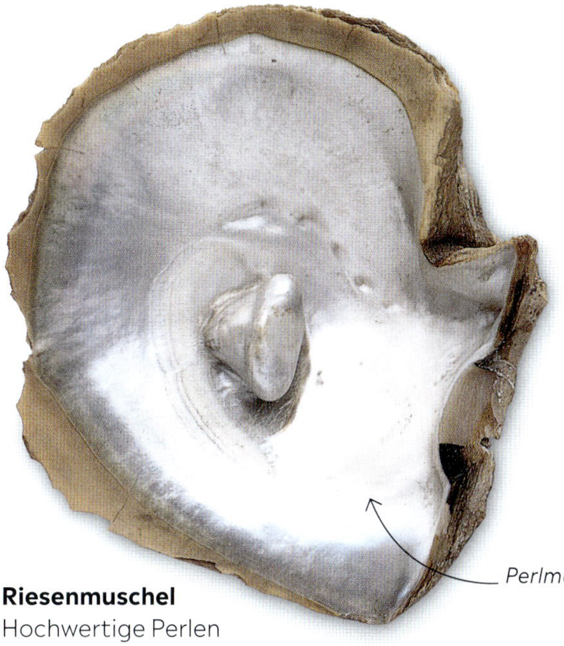

Riesenmuschel
Hochwertige Perlen wachsen in verschiedenen Muschelarten. Die größte ist *Pinctada maxima*.

Ketten aus Mumbai
In Mumbai (Indien) wurden die Perlen früher nach ihrer Größe sortiert, jeweils auf Seidenschnüre gefädelt und die Schnüre zu Halsketten kombiniert.

Barockperlen
Unregelmäßig geformte Perlen nennt man Barockperlen. Vier davon – eine formt den Körper der Figur – wurden vermutlich in Süddeutschland in diesen Anhänger aus dem späten 16. Jh. eingearbeitet.

Wie hoch ist der Preis?

Wie teuer?
Dieser 57,26-karätige Saphir ist von solch ungewöhnlicher Größe und Farbqualität, dass sich sein Marktwert erst beim Verkauf herausstellt.

Ihr hoher Wert macht Edelsteine zu begehrten Kaufobjekten. Die Steine werden geschliffen, um ihre Schönheit herauszustellen. Wer sie erwirbt, zeigt Reichtum und Stil. Rubine, Perlen, Smaragde und Saphire stehen seit dem Mittelalter hoch in Kurs.

Jean Baptiste Tavernier
Der Edelsteinhändler bereiste im 17. Jh. Europa und Asien. Sein Reisetagebuch half, die Geschichte berühmter Diamanten zu erforschen.

Kein Schnäppchen

Synthetische Kristalle zu züchten (S. 26–27) ist aufwendig. Deshalb sind künstliche Edelsteine nicht billig, aber immer noch günstiger als natürliche.

Synthetischer Rubinkristall

Dieser synthetische Rubin entstand mithilfe von Auguste Verneuils Flammenschmelzverfahren.

Geschliffener synthetischer Rubin

Kurzlebig
Rotes Glas dient als Rubinersatz. Doch mit der Zeit verliert es seinen Glanz und wegen der geringen Härte auch den Schliff.

Unbezahlbar

Painit ist extrem rar und deshalb unbezahlbar. Entdeckt wurde der Kristall in Myanmar von dem Mineralogen A. C. D. Pain, nach dem er benannt wurde.

In Samen gemessen

Die Samen des Johannisbrotbaums dienten lange als Gewichtsstandard für Edelsteine. Im 20. Jh. einigte man sich mit Karat international auf eine Gewichtseinheit, die dem der Baumsamen sehr nahekommt: 0,2 g.

Karat kommt vom griechischen Wort *keration* (Samen des Johannisbrotbaums).

Samen des Johannisbrotbaums

1,0-karätiger Rubin

Schote des Johannisbrotbaums

Strontium-titanit

Synthetischer Rutil

Fluorit (Flussspat)

Quarz

Ersatzsteine

Diamanten werden am häufigsten imitiert: Früher aus Glas oder Bergkristall gefertigt, kamen im 20. Jh. synthetische Varianten auf. Die hier gezeigten Imitationen sind im Uhrzeigersinn aufsteigend nach ihrem Farbenspiel angeordnet, beginnend mit Fluorit.

Lithium-niobat

Topas

Einkristallines Zirkoniumdioxid

Synthetischer Saphir

Unechte Diamanten

Ende des 19. Jh. warb der Juwelier A. Faulkner mit diesem Bild für seine „Perfekten Ersatz-diamanten erster Güte“.

Diamant

GGG (Gadolinium-Gallium-Granat)

Zirkon

Glas

YAG (Yttrium-Aluminium-Granat)

Synthetischer Spinell

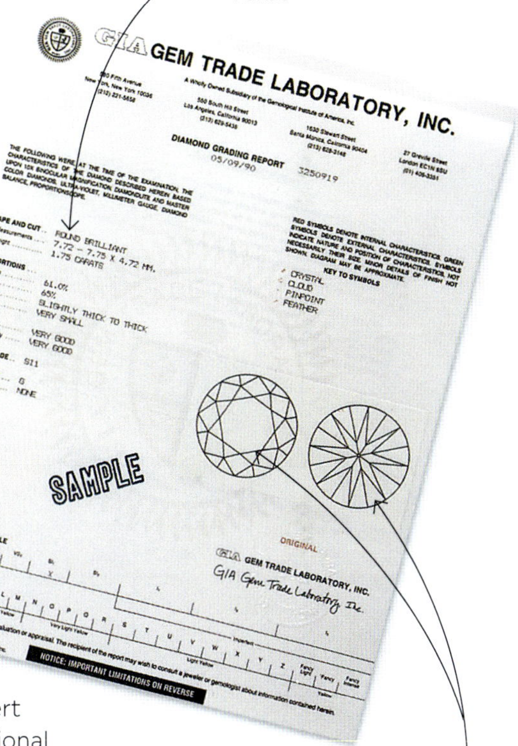

Details zum Schliff, zur Reinheit und zur Farbe

Reinheit und Farbe werden anhand einer Skala bewertet. Der Reinheitsgrad ist hier SI 1 (kleine Einschlüsse), der Farbgrad G (nahezu farblos).

Einschlüsse werden an den Umrissen der Krone und des Pavillons markiert.

Abgesplittertes Glas

Dubletten

Aus zwei Materialien zusammengefügte Steine bezeichnet man als Dubletten. Besonders Granatdubletten findet man häufig: Auf eine dickere Basis aus farbigem Glas wird eine dünne, harte und unempfindliche Granatschicht aufgetragen. Unseriöse Händler bieten solche Steine als reine Rubine, Saphire oder Smaragde an.

Die vier Cs

Zwei gleich aussehende Diamanten können von unterschiedlichem Wert sein. Dieser wird seit 1975 international einheitlich anhand der folgenden vier Cs bestimmt: Carat (Gewicht in Karat), Cut (Schliff), Colour (Farbe) und Clarity (Reinheit).

Opalimitate

Vor allem das Farbenspiel und die Leuchtkraft bestimmen den Wert eines Opals. Besonders selten und kostbar ist schwarzer Opal. Doch es gibt verschiedene Imitate: etwa den kostengünstigen Slocum-Stein aus Glas oder den im Labor gezüchteten Gilson-Opal im mittleren Preisniveau.

Polystyrol-Latex

Echter schwarzer Opal

Gilson-Opal

Slocum-Stein

Kunstvoller **Schliff**

Nur die wenigsten Kristalle begeistern schon bei ihrem Fund durch Form, Farbe und Glanz. Erst ein Edelsteinschleifer verwandelt sie in prachtvolle und begehrenswerte Objekte. Minerale wie Türkis werden oft perlenförmig und zu Cabochons geschliffen (S. 50). Bei Diamanten hat sich der Brillantschliff durchgesetzt.

Rutil mit Brillantschliff
1919 setzte Marcel Tolkowsky die Anforderungen für den Brillantschliff fest, mit denen ein Höchstmaß an Funkeln und Feuer garantiert war.

Rauchquarz mit Rosenschliff
Dieser Schliff aus dem 14. Jh. bildet einen flachen Pavillon und eine gewölbte Krone mit dreieckigen Facetten.

Amethyst mit Tafelschliff
Durch Absägen der Spitze eines Oktaeders entsteht die Tafelform.

Smaragd mit Stufen
Stufenschliff mit Rechteck-Facetten eignet sich für Steine mit kräftigen Farben.

Brillantschliff

Als Erstes wird der Rohkristall mit der Lupe auf Einschlüsse und Fehler untersucht. Dann folgen die Markierungen für das Spalten oder Sägen des Steins sowie für das Facettieren.

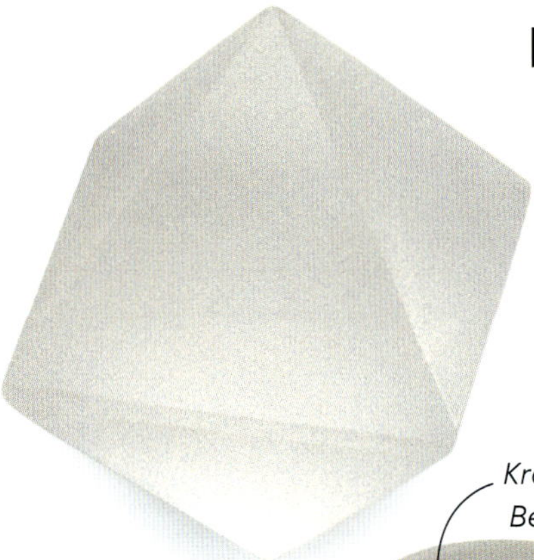

1 Auswahl
Ein Rohkristall wird ausgewählt.

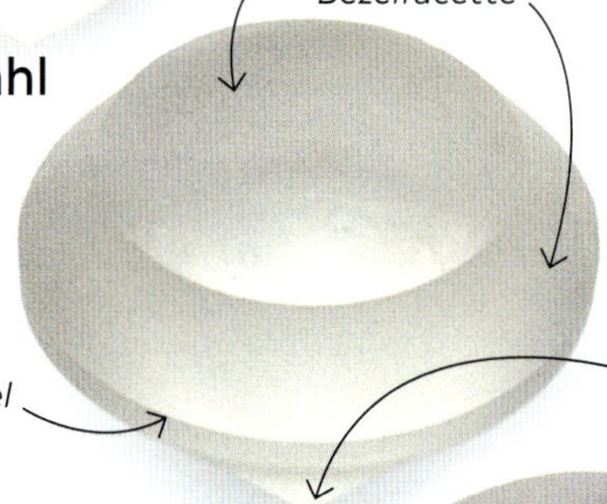

2 In zwei Teile sägen
Die Pyramide an der Spitze wird abgesägt, dann wird der Stein durch Reiben an einen anderen Diamanten gerundet.

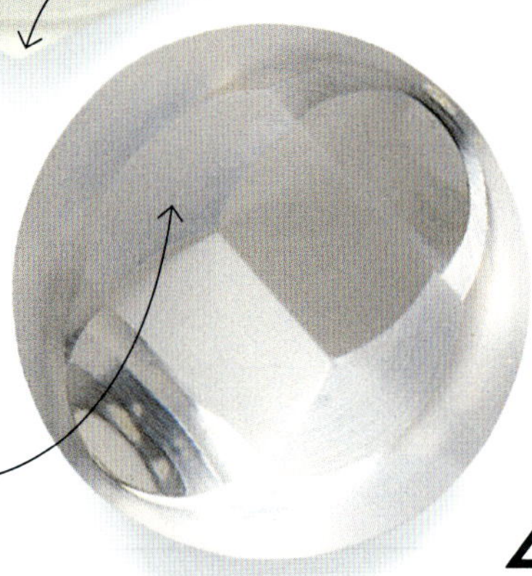

3 Die erste Facette
Auf einen Stab (Doppe) gekittet, wird als Erstes die flache Tafelfacette in den Stein geschliffen.

4 Weitere Facetten
Jeweils vier Facetten folgen oberhalb des Gürtels, auf der Krone und dem Pavillon sowie eine an der Kalette (Unterseite).

5 Letzter Schliff
Der Stein erhält weitere 24 Facetten oberhalb und 16 unterhalb des Gürtels. Mit Tafel und Kalette hat er nun 58 Facetten.

Neugestaltung
Der Koh-i-Noor-Diamant (S. 35) wurde 1852 zu einem Brillanten umgeschliffen. Hier setzt der Herzog von Wellington die erste Facette.

Koh-i-Noor mit Brillantschliff

Diamantschleifertisch im 19. Jh.

Perlen

Perlen werden aus weichen Steinen geschliffen – früher in Handarbeit, heute von Maschinen.

Harter Kopf

Opake, harte Steine wie diesen Granat schleift man oft als runde oder ovale Cabochons mit glatten oder leicht gewölbten Flächen.

Moderne Technik

Die seit dem 15. Jh. verwendeten Werkzeuge wurden im 20. Jh. durch elektrische Schleifscheiben und Laser ersetzt.

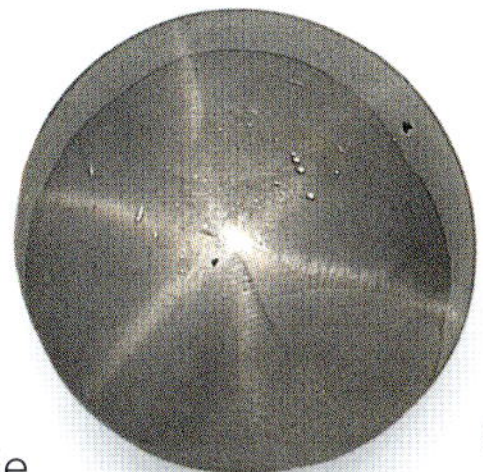

Lichtspiele

Die Cabochon-Form verstärkt bei Sternsaphiren und -rubinen (S. 37) das Funkeln der Rutileinschlüsse.

Brosche aus Quarz-Cabochons mit Katzenaugeneffekt

Zitrin in Dreiecksform

Unsymmetrischer Saphir

Heliodor in Herzform

Sonderschliffe

Spezielle Schliffe sollen Gewichtsverluste vermeiden oder Steine zu besonderen Anlässen gestalten.

Polierwaschgang

Diese Kristalle wurden in einer Waschtrommel mit Wasser und Gesteinssplitt (erst gröberes, dann feineres Material) poliert.

Schleifkristall

Dieser große Korund diente im 19. Jh. in Indien zum Schleifen und Polieren von Granaten. Durch Abrieb entstand mit der Zeit diese Rille.

Schleifen

Am Schleifstein erhalten die Steine ihre grobe Form. Vor der Bearbeitung werden sie mit Wachs auf einem Stab (der Doppe) befestigt.

Sagen und Legenden

Um Kristalle ranken sich viele Legenden. Nach persischen Überlieferungen ruht die Welt auf einem riesigen Saphirsockel, der den Himmel blau färbt. Über den Smaragd hieß es, er lasse Schlangen erblinden. Der Diamant galt als Medizin und der Rubin war im Mittelalter ein Ausdruck von Macht. Einigen Edelsteinen sagt man nach, sie würden Unglück bringen.

Kristallkompass

Die Wikinger sollen mit Cordieritkristallen navigiert haben. Hält man die Steine gegen die Sonne und dreht sie dabei, verdunkeln sie sich und verändern die Farbe. Der Effekt diente als eine Art Kompass.

Zugvögel

Es könnte ein Magnetkristall sein, der im Vogelhirn wie ein Kompass funktioniert.

Von Magnetit angezogene Eisenspäne richten sich an den Feldlinien aus.

Magnetitkristalle

Abwehrkraft

Viele Magnetite (Eisenoxide) sind magnetisch. Deshalb sprach man ihnen einst besondere Kräfte zu. So gab Alexander der Große seinen Soldaten Magnetite mit, um böse Geister abzuwehren.

Tränen aus Stein

Staurolithkristalle können kreuzförmige Durchdringungszwillinge bilden, die man früher als Taufamulette verwendete. Sie werden auch Feensteine genannt, weil sie der Legende nach aus den Tränen kristallisierten, die Feen über den Tod Christi vergossen.

Wasser zu Wein

Im 15. Jh. glaubte man, Amethyst schütze gegen Trunkenheit. Der Grund: Damals gab es Trinkbecher aus Amethyst. In ihnen sah Wasser wie Rotwein aus, den man genießen konnte, ohne betrunken zu werden.

Heilige Edelsteine

In der Bibel (Exodus 28, 15–30) wird das Gewand für den Hohepriester des Volkes Israel beschrieben. Es hat vier mit jeweils drei Edelsteinen verzierte Reihen. Die Steine waren alle beschrieben, mit einem Fehler: Der Saphir war ein Lapislazuli.

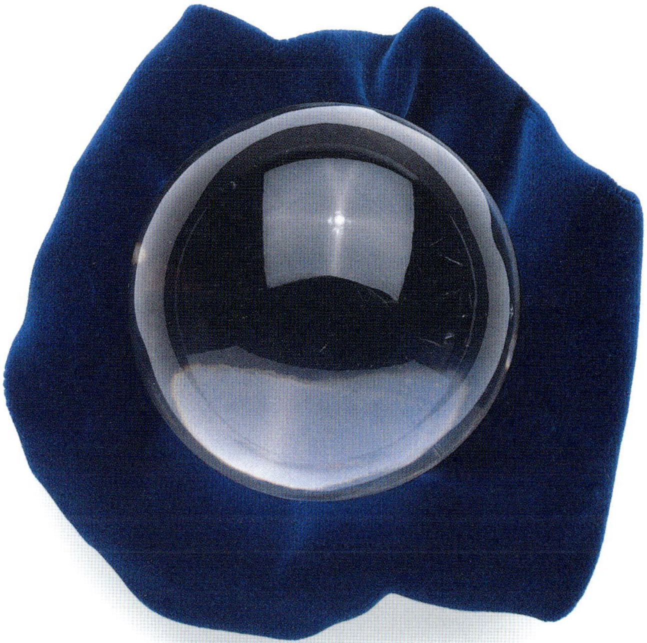

Kristallkugeln

Schon seit Tausenden von Jahren lesen Wahrsagerinnen und Wahrsager die Zukunft aus einer Kristallkugel. Sie blicken auf die glänzend polierte Oberfläche der Kugel, bis vor ihren Augen alles neblig verschwimmt und sie die Zukunft des Kunden vorhersehen.

Blick in die Zukunft
Die meisten Kristallkugeln bestehen aus Quarz, doch es gibt sie auch aus anderen Materialien mit glänzender Oberfläche.

Der Seher
John Dee las für Englands Königin Elisabeth I. die Zukunft aus einer Kristallkugel. Viele hielten ihn für einen Scharlatan.

Geburtssteine

In Anlehnung an die zwölf Steine vom Gewand des Hohepriesters wurde im 1. Jh. jedem Geburtsmonat ein eigener Edelstein zugeordnet. Im 18. Jh. wurde es – zuerst in Polen – Mode, solche Steine zu tragen.

Übliche Zuordnung
Auch wenn sich die Zuordnungen der Monatssteine im Lauf der Zeit änderten, gilt diese hier heute als allgemein verbreitet.

Kartenmotive
Auch den Sternzeichen ordnete man Edelsteine zu: auf diesen Zigarettenkarten von 1923 der Jungfrau den Karneol und dem Löwen den Peridot.

Januar (Granat)

Februar (Amethyst)

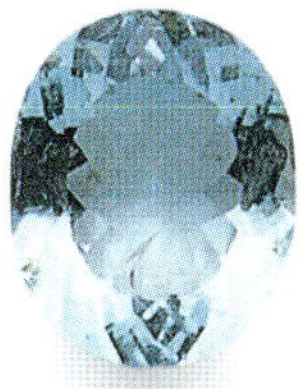

März (Aquamarin)

April (Diamant)

Mai (Smaragd)

Juni (Perlen)

Juli (Rubin)

August (Peridot)

September (Saphir)

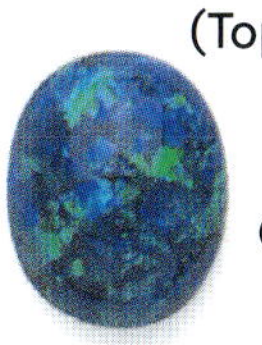

Oktober (Opal)

November (Topas)

Dezember (Türkis)

Die 12 Tierkreiszeichen eingraviert in einen Eiskristall

Manche Hindus glauben, ein Rubin garantiere Gesundheit und Reichtum.

Im Alltag

Viele Dinge im Haushalt sind kristallin: Eiskristalle im Gefrierfach, Salzkristalle im Essen oder die Siliziumchips im Kühlschrank und in der Waschmaschine. Auch Fernseher und Kameras funktionieren nur dank Kristallen. Häuser bestehen aus kristallinen Baustoffen und Autos bilden selbst Kristalle, wenn sie rosten!

Mikroskopische Vergrößerung von Vitamin-C-Kristallen

Ein Löffel Zucker

Mehr als 100 Mio. t Zucker werden jährlich in Fabriken aus dem Saft von Zuckerrohr oder Zuckerrüben kristallisiert. Auch dieser Silberlöffel besteht aus zahlreichen Kristallen.

Flüssigkristalle sind seit 1888 bekannt, doch erst 1963 entwickelte der Ingenieur George Heilmeier ein LCD.

Vitamine

Ascorbinsäure (Vitamin C) ist eine kristalline pflanzliche Substanz, die vor allem in Zitrusfrüchten, Tomaten und grünem Gemüse vorkommt. Da der Körper die lebenswichtigen Vitamine nicht selbst produzieren kann, müssen sie ihm über die Nahrung oder Tabletten zugeführt werden.

Flüssigkristallanzeige (LCD)

Flüssigkristalle fließen zwar, nehmen aber wie Kristalle unter elektrischer Spannung eine bestimmte Position an, um entweder Licht zu reflektieren oder zu absorbieren.

RÜCKBLICK

Jagadish Chandra Bose

Der indische Wissenschaftler J. C. Bose (1858–1937) erforschte den Einsatz von Kristallen beim Empfangen elektromagnetischer Wellen. 1901 ließ er sich einen Bleiglanzempfänger patentieren.

Unter Zeitdruck

Quarze dienen zur präzisen Zeitmessung (S. 31) und Rubine (S. 26–27) als Lager für mechanische Uhrwerke.

Nadelartige Kristalle im Wasserkessel

Kesselstein

Wenn Wasser kocht, kristallisieren die darin gelösten Minerale und bilden im Wasserkessel eine Schicht.

Edle Steine

Viele Menschen besitzen Edelsteinschmuck wie diese Silberbrosche mit Diamanten, einem blauen Saphir und einer Perle.

Amethystkristalle

Katzenstreu

Katzenstreu besteht hauptsächlich aus Tonerde, der kristallines Siliziumdioxid beigemischt ist, um Feuchtigkeit und Gerüche zu binden.

Sammelobjekte

Kristalle können in der Natur gesucht, im Handel gekauft oder mit Freunden getauscht werden. Da sie meist empfindlich sind, sollten sie pfleglich aufbewahrt werden, versehen mit einer Notiz zum Fundort und dem Wirtsgestein.

Sammelstellen
In basaltischer Lava bilden sich häufig Hohlräume (Geoden), in die Flüssigkeiten einsickern und auskristallisieren.

Handlupe zum Untersuchen von Kristallen

Wulfenitkristall

Miniaturen
In kleinster Form (Micromounts) können auch seltene und ungewöhnliche Kristalle platzsparend gesammelt werden.

Wusstest **du das?**

SPANNENDE FAKTEN

Im alten Persien glaubte man, die Erde ruhe auf einem riesigen Saphirsockel, der den Himmel blau färbe. Andere hielten den Himmel für einen Saphir, der die Erde umschließt.

Anhänger mit Saphir und Diamanten

Das Saphirblau steht für Harmonie, Vertrauen und Treue. Deshalb ist der Saphir ein beliebter Schmuckstein für Verlobungsringe.

Der Name Granat leitet sich von der lateinischen Bezeichnung für die leuchtend roten Granatapfelkerne ab. Der Granat variiert von rotviolett bis burgunderrot.

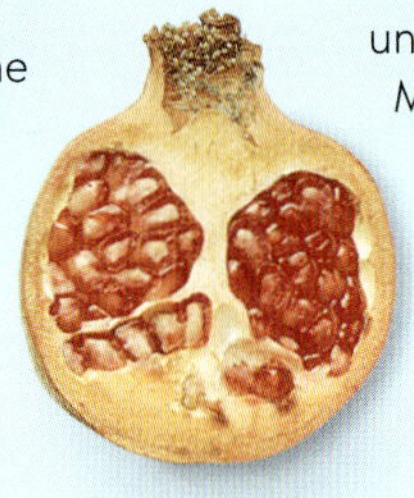

Granatapfel

Diamanten kommen auch auf dem Meeresboden vor. Von Schiffen aus werden die dortigen Ablagerungen an Bord gesaugt und nach Diamanten durchsiebt.

Diamanten in Kimberlitgestein werden im großen Stil abgebaut. Für den Ertrag eines einkarätigen Diamanten (0,2 g) müssen mehr als 27,5 t Gestein zerkleinert werden.

Im Mittelalter trugen reiche Leute Diamanten, um die Pest abzuwehren. Die alten Griechen taten es, um sich vor Vergiftungen schützen.

Mondsteine werden oft in Silber gefasst, um ihr Leuchten zu betonen.

Halskette aus Mondsteinen

Lange glaubte man, das Leuchten des Mondsteins nehme wie der Mond zu und ab. Deshalb trugen Anhänger der Mondgottheit solche Steine.

Topaskristalle können über einen Meter lang und mehrere hundert Kilogramm schwer sein. Die Herkunft des Namens „Topas" ist nicht eindeutig geklärt. Vielleicht wurde er von dem Sanskritwort *tapas* abgeleitet, das „Feuer" bedeutet. Oder der Topas erhielt seinen Namen nach dem griechischen Wort *topazos*. So wurde in der Antike die Insel Zeberged im Roten Meer bezeichnet.

Karettschildkröte

Schildpatt aus dem Rückenpanzer von Schildkröten war früher ein beliebter Haarschmuck.

Im alten Griechenland hielt man Bernstein für beim Sonnenuntergang versteinerte Sonnenstrahlen. Bernstein – griechischer Name *elektron* – lädt sich auf, wenn man ihn reibt. Daher kommt das Wort „Elektrizität".

Perlmutt stammt ursprünglich vom Panzer der heute sehr seltenen und jetzt geschützten Karettschildkröte. Mittlerweile wird für Schmuck meistens künstlich hergestelltes Perlmutt verwendet.

Sternsaphir

Früher galten sechsstrahlige Sternsaphire als Schutz gegen das Böse. Die drei sich kreuzenden Sternlinien standen für Glaube, Hoffnung und Schicksal.

Die alten Ägypter glaubten, das intensive Blau des Lapislazuli sei himmlischer Herkunft und schütze vor Schaden. Sie verzierten damit Götterstatuen und Totenmasken.

Schiffe zur Diamantförderung

Perlen zu züchten (indem man einen Fremdkörper in Austern einsetzt) geht schneller, als auf die natürliche Entstehung zu warten. Dennoch kann das Wachstum mehr als ein Jahr dauern.

FRAGEN UND ANTWORTEN

Wie lange verwenden Menschen schon Edelsteine als Schmuck?

Mit Edelsteinen besetzter Schmuck wurde schon in jahrtausendealten Gräbern gefunden. Vor allem aus dem alten Ägypten sind Stücke aus Gold und Juwelen erhalten geblieben.

Was sind „Kartoffelsteine"?

So nennt man vulkanische Steine, die wie Kartoffeln aussehen, aber sogenannte Geoden umschließen: Hohlräume, in denen silikatreiche Flüssigkeiten Quarzkristalle gebildet haben.

Skarabäus als Glücksbringer: Fund im Grab des Tutanchamun

Kartoffelsteine

Was haben Rubine und Nagelfeilen gemeinsam?

Rubine sind eine edle Varietät von Korund, dem zweithärtesten Mineral nach Diamant. Nagelfeilen sind mit unedlen Korundsplittern versehen, die seit Jahrtausenden als Schmirgel dienen.

Welcher berühmte Edelstein gilt zu Unrecht als Rubin?

Weltweit gibt es viele Kronjuwelen mit roten Spinellen, die man irrtümlich für Rubine hielt. Auch beim „Rubin des Schwarzen Prinzen" auf der britischen Reichskrone handelt es sich um einen Spinell und nicht um einen Rubin.

Geschliffener Rubin

Warum sind Smaragde grün?

Die Grünfärbung kommt von Anteilen an Chrom und Vanadium.

Warum schleift und poliert man Edelsteine?

Weil sie danach mehr Licht reflektieren, also stärker funkeln und glänzen.

Warum sind Edelsteine so kostbar?

Weil von den rund 4000 verschiedenen Mineralen nur etwa 100 von Natur aus schöne, haltbare und seltene Kristalle bilden, die durch Schleifen und Polieren noch prachtvoller aussehen.

Woher stammen Diamanten?

Diamanten entstehen tief in der Erde unter hohem Druck und hohen Temperaturen. Die ersten Diamanten entdeckte man vor 2000 Jahren in Flusskies. Heute stammen die meisten aus Kimberlitminen in Russland, Botswana und Kanada.

Was sind Saatperlen?

Perlen haben sehr unterschiedliche Größen. Ihr Gewicht wird in Karat (0,2 g) oder Grain (0,05 g) angegeben. Saatperlen sind am kleinsten. Sie wiegen weniger als 0,25 Grain.

Warum schenkte man Kindern früher Schmuck aus Korallen?

Man glaubte, dass Korallen vor Krankheit und anderen Gefahren schützen.

Der Erzherzog-Joseph-Diamant an einem Collier

Warum schneidet und graviert man organische Schmucksteine, facettiert sie aber nicht?

Organische Schmucksteine wie Korallen und Perlen sind recht weich und vor allem opak: Sie lassen kein Licht durch und können daher nicht funkeln. Es wäre also sinnlos, sie zu facettieren.

REKORDHALTER

DER WERTVOLLSTE EDELSTEIN
Diamanten sind die härtesten, aber auch teuersten Kristalle und wegen ihres funkelnden Glanzes weltberühmt.

DER GRÖSSTE DIAMANT
Der bisher weltweit größte Rohdiamant war der 1905 in Südafrika gefundene Cullinan mit 3106 Karat. Er wurde in neun große und 96 kleinere Steine geteilt.

DAS AUFWENDIGSTE SCHLEIFEN
Drei Schleifer arbeiteten acht Monate am Cullinan-I-Diamanten, bevor er in das Zepter von König Eduard VII. eingesetzt wurde.

DER GRÖSSTE RUBIN
Der in Indien gefundene „King Ruby" gilt mit 21,955 g als der weltweit größte Rubin.

DER GRÖSSTE BERYLLKRISTALL
Ein in Madagaskar gefundener Beryllkristall war 36 t schwer und rund 18 m lang.

Edelsteine **bestimmen**

Ein ungeschultes Auge kann viele Kristalle nicht unterscheiden, etwa wenn Farbe und Schliff gleich sind. Diese Übersicht nennt typische Merkmale der bekanntesten Edelsteine.

Smaragd-eidechse

Zitrin in gemischtem Schliff mit einem Hauch Orange im Farbton.

Zitrin
Zitrin ist eine gelbe oder goldfarbene Quarzart. Natürliche Zitrine sind hellgelb (wie Zitronen, nach denen sie benannt sind), aber sehr selten.

Ovaler, violetter Amethyst in gemischtem Schliff

Amethyst
Amethyste sind violette Quarzkristalle, deren Tönung häufig eine Spur Rot oder Blau zeigt.

Tigerauge mit durch Schliff und Politur betonten Streifen

Tigerauge
Diese oft seidig glänzende Chalzedonvarietät ist faserig gewachsen. Tigeraugen sind schwarz mit gelben oder braunen Streifen.

Karneol
Der lichtdurchlässige, rotorange oder braun gefärbte Karneol ist eine Chalzedonart.

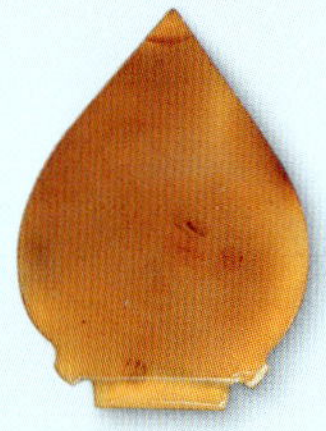

Polierter Karneol aus Indien mit typischer Farbe

Farbloser Diamant im Brillantschliff mit schwarzen Einschlüssen

Diamant
Er ist aus reinem Kohlenstoff, extrem hart und funkelt herrlich. Am beliebtesten sind farblose Diamanten ohne Einschluss.

Leuchtend roter Rubin im Kissenschliff

Rubin
Reine Rubine sind tiefrot, doch die Farbpalette reicht von Rosa bis Braun. Nach Diamanten sind Rubine die zweithärtesten Kristalle.

Blassblauer Saphir von Sri Lanka

Saphir
Am wertvollsten sind lupenreine, tiefblaue Saphire. Sie können aber auch gelb, grün, rosa oder farblos sein.

Blaugrüner Smaragd mit vielen feinen Rissen und Einschlüssen

Smaragd
In Topqualität ist die Beryllvarietät sattgrün, durchsichtig und ohne Einschlüsse. Die meisten Smaragde haben jedoch kleine Risse.

Aquamarin mit einem Hauch Grün im Treppenschliff

Aquamarin
Auch der Aquamarin ist eine Beryllvariante. Seine Farbpalette reicht von Meergrün bis Tiefblau.

Grün und blau schimmernder Opal

Opal
Er ist für sein verschiedenfarbiges Schillern berühmt. Irisierende Exemplare mit dunklem Hintergrund nennt man schwarze Opale. Unedle Exemplare sind opak.

Lachsfarbener Topas

Topas
Topase gibt es in vielen Farbtönen: von Goldgelb über Rosa bis hin zu Blau und Grün. Von Natur aus rosafarbene Steine kommen äußerst selten vor.

Turmalin
Turmaline gibt es in unterschiedlichen Farben, sie haben aber alle die gleiche Kristallstruktur.

Wassermelonen-turmalin

Oval geschliffener Pyrop (Granat)

Granat

Die als Schmucksteine begehrtesten Granate sind blutrote Pyrope und ebenfalls tiefrote Almandine.

Spinell mit Glasglanz in achteckig-gemischtem Schliff

Spinell

Am beliebtesten sind rubinrote Steine, die man früher Balas-Rubine nannte. Spinelle können aber auch blau oder gelb sein.

Lichtdurchlässiger Jadeit mit schwarzen Einschlüssen

Jade

Zwei verschiedene Minerale, Jadeit und Nephrit, bezeichnen Jade. Reiner Jadeit ist smaragdgrün, Nephrit cremefarben bis olivgrün.

Peridot in achteckigem gemischtem Schliff

Peridot

Der olivgrüne Edelstein zeigt einen matten Glanz und eine starke Doppelbrechung.

Geschliffener gelber Chrysoberyll

Chrysoberyll

Dieser Edelstein ist bekannt für seinen Goldton. Der Alexandrit ist eine Varietät: Seine Farbe wechselt bei Kunstlicht von Grün zu Rot.

Polierter Lapislazuli mit Pyrit-einschlüssen

Lapislazuli

Der begehrte tiefblaue Lapislazuli ist ein Mineralgemisch. Häufig sind Streifen oder Flecken aus Kalzit und blassem Pyrit zu erkennen.

Grauer Mondstein

Mondstein

Manche sind grau, gelb, rosa oder grün, die meisten aber farblos mit bläulich weißem Schimmer.

Nach Erhitzen farblos gewordener, zuvor rotbrauner Zirkon

Zirkon

Reine Zirkone sind farblos und ähneln Diamanten. Am häufigsten kommen sie jedoch goldbraun vor.

Polierter Türkis im Cabochon-Schliff

Türkis

Türkis wird wegen seiner reizvollen blaugrünen bis hellblauen Farbe geschätzt. Den opaken Stein schleift man meist zu Perlen oder Cabochons und poliert ihn.

ORGANISCHE SCHMUCKSTEINE

Bernstein, Gagat, Koralle, Perlen, Elfenbein und Perlmutt sind pflanzlichen oder tierischen Ursprungs. Sie alle sind nicht so hart und robust wie mineralische Steine. Deshalb werden sie nicht facettiert, sondern gewöhnlich nur poliert oder sonstwie bearbeitet.

Gagat mit gravierter Rose in der Mitte

GAGAT (JETT)
Der feinkörnige, opake Gagat aus versteinertem Holz ist schwarz oder dunkelbraun und hat einen samtigen Glanz. Manchmal wird er auch facettiert und poliert.

BERNSTEIN
Der (halb-)durchsichtige Bernstein besteht aus versteinertem Baumharz und ist meist goldorange, selten auch dunkelrot. Er kann Einschlüsse von Insekten oder Pflanzen enthalten.

Bernsteinkette

Transparente, facettierte goldbraune Bernsteinperlen

Hier ist ein Affe an einem Baum herausgearbeitet.

KORALLE
Die versteinerten Skelette der Korallen können rosa, rot, weiß oder blau sein.

PERLEN
Sie wachsen in Muscheln und schimmern. Perlen können weiß, cremefarben, rosa, braun oder schwarz sein.

Eine nahezu perfekt geformte Perle für eine Kette

Mehr **erfahren**

Naturkundemuseen und geologische Sammlungen stellen häufig interessante Minerale aus. Sie sind eine unerschöpfliche Quelle dafür, wie Kristalle entstehen und in ihrem natürlichen Zustand aussehen. Viele haben auch eine Kollektion von Edelsteinen. Es gibt noch weitere Orte, an denen du die Edelsteinbearbeitung für Schmuck sehen kannst und auch im Internet findest du weitere Informationen. Es folgen einige Anregungen.

Kristalle und Edelsteine

In den meisten Naturkundemuseen und geologischen Sammlungen findest du eine reiche Auswahl an Kristallen. Oft werden sie als Einlagerungen in ihrer Grundmasse (Matrix) ausgestellt und zugleich als geschliffene Schmucksteine.

DIE KARTENSYMBOLE

Diamant, Rubin, Saphir, Smaragd, Aquamarin, Chrysoberyll, Topas, Turmalin, Peridot, Granat, Perle, Opal

Edelsteinvorkommen

Wo man Edelsteine findet, hängt von der geologischen Situation ab. Auf der Karte siehst du die Länder, in denen die zwölf beliebtesten und teuersten Edelsteinarten am häufigsten vorkommen. Bei einer Reise in eine dieser Gegenden kannst du die dortigen Minen und Ausstellungen besuchen.

Mineralsammlung

Lege eine eigene Sammlung von Mineralen an. Suche an Stränden, Flussufern und in den Bergen nach schönen Steinen. Reinige sie mit Wasser und ordne sie in passenden Kästchen. Vielleicht hilft dir jemand im örtlichen Museum bei der Bestimmung.

Diese geschliffenen Edelsteine sind ein Teil der Matthews Collection in London.

INTERNETADRESSEN

- Ist Bernstein ein Edelstein?
  www.planet-wissen.de/natur/schmuck/bernstein/pwwbbernstein100.html
- Auch Schneeflocken bestehen aus Kristallen.
  www.kids-and-science.de/kinderfragen/detailansicht/datum/2009/12/14/wie-entsteht-schnee.html
- Beschreibung vieler Mineralien.
  www.medienwerkstatt-online.de/lws_wissen/index.php?level=2&kategorie_1=naturerscheinungen&kategorie_2=Steine,%20Kristalle%20und%20Mineralien

BESUCHE DOCH MAL …

TERRA MINERALIA (FREIBERG)
Eine der bedeutendsten und wertvollsten Mineraliensammlungen der Welt.

MINERALOGISCHES MUSEUM DER UNIVERSITÄT HAMBURG
Hier beeindruckt eine der größten Antimonit-Kristallgruppen der Welt.

SCHMUCKMUSEUM PFORZHEIM
Das Museum zeigt Edelsteine in ihrer Verarbeitung: von historischen Stücken bis hin zu moderner Schmuckkunst.

NATURHISTORISCHES MUSEUM WIEN (ÖSTERREICH)
Die Edelsteinsammlung zeigt u. a. den aus 761 Steinen und 2102 Diamanten bestehenden „Edelsteinstrauß“, den Maria Theresia ihrem Mann schenkte.

Juwelen und Schmuck

In einem Schmuckmuseum erfährst du, wie Edelsteine im Lauf der Jahrhunderte auf unterschiedlichste Weise zu Schmuck verarbeitet wurden. Besonders interessant sind Museen mit einer Abteilung über Ägypten. Und bei einer Reise ins Ausland kannst du dir vielleicht eine Ausstellung über die Schmuckkunst indigener Völker ansehen.

Diamant-Collier, das Napoleon I. 1811 Königin Marie-Louise schenkte

Schatzkammer des Topkapi-Palasts

Besuche bei einer Reise nach Istanbul den Topkapi-Palast. Dort sind mit Smaragden besetzte Schmuckstücke und Gegenstände wie dieser Dolch ausgestellt. Außerdem gibt es dort einen mit Turmalinen verzierten goldenen Thron, eine Tabakdose aus Smaragd und Vasen aus feinstem grünem Jadeit zu sehen.

Dolch mit Smaragden am Griff

Karl der Große (742–814), König des Fränkischen Reichs

Dieses goldene Zepter mit Edelsteinen wurde 1380 für Karl V. gefertigt.

Mit kostbaren Edelsteinen besetztes Gold

Krone der Kaiserin Eugénie, ausgestellt im Pariser Louvre

Kronjuwelen

Die Kronjuwelen Frankreichs, Großbritanniens und Österreichs umfassen berühmte, mit Edelsteinen besetzte Schmuckstücke, Kronen und Zepter aus Gold und Silber. Dazu zählen im Pariser Louvre Napoleons Krönungskrone und sein Schwert, das mit dem „Regenten“, einem der damals weltweit größten Diamanten verziert ist. Im Tower von London werden die britischen Kronjuwelen verwahrt, die noch immer bei großen Festlichkeiten getragen werden – wie die britische Reichskrone mit dem berühmten „Rubin des Schwarzen Prinzen“.

Im Museum im Tower von London kannst du Nachbildungen der Kronjuwelen, der königlichen Gewänder und Rüstungen anprobieren.

Glossar

Ader Meist von Mineralen ausgefüllte Spalten und Zwischenräume in Gestein.

Allochromatisch Durch Verunreinigungen hervorgerufene „Fremdfärbung“ von eigentlich farblosen Edelsteinen.

Amorph Ohne Regelmäßigkeiten beim inneren atomaren Aufbau und der äußeren Form.

Asterismus Sternförmiges Funkeln bei einigen Edelsteinen wie Rubinen und Saphiren im Cabochonschliff.

Brechungsindex Maß, wie stark das einfallende Licht von einem Edelstein gebrochen wird.

Diamant im Brillantschliff

Brillantschliff Die meistverbreitete Art des Schliffs bei Diamanten und anderen Steinen: mit 57 Facetten - oder mit 58 bei Edelsteinen mit flacher Unterseite.

Cabochon Ein rund oder oval und glatt geschliffener Edelstein mit gewölbter Oberseite und flacher Unterseite.

Sternförmig funkelnder Rubin in Cabochon-Form

Chemische Bindung Moleküle aus zwei oder mehr Atomen, die nur durch Wärme oder Druck trennbar sind.

Chemische Zusammensetzung Aufbau eines Minerals aus einem oder verschiedenen chemischen Elementen.

Dendriten Pflanzenähnlich verästelte Mineralablagerungen auf Kristallen.

Dichroismus Eigenschaft von Edelsteinen, aus unterschiedlichen Betrachtungswinkeln verschiedene Farben zu zeigen.

Doppelbrechung Effekt bei einigen Kristallen, wenn ein einzelner einfallender Lichtstrahl in zwei Strahlen geteilt wird.

Dublette Ein aus zwei Teilen künstlich zusammengefügter Stein.

Kalzitkristall

Edelsteine Mineralien, die wegen ihrer Schönheit, Härte und Seltenheit begehrt sind.

Einschlüsse Fremdkörper (meist ein Mineral) in einem Edelstein.

Erdkern Innerer Kern der Erde aus Eisen und Nickel.

Dendriten des Minerals Pyrolusit

Erdkruste Die äußere Schale der Erde.

Erdmantel Die Schicht zwischen der Erdkruste und dem Erdkern.

Erosion Die Zerstörung von Boden und Gestein durch ein bewegtes Medium wie Wind, Wasser und Gletscher.

Facette Kleine, glatte Schlifffläche eines Edelsteins.

Facettieren Einen Edelstein durch Schleifen mit Facetten versehen.

Feuer Beschreibung der Lichtbrechung eines Edelsteins, der intensiv in den Regenbogenfarben funkelt.

Fluoreszenz Leuchteffekt, der entsteht, wenn man ein Mineral mit für Menschen nicht sichtbarem UV-Licht bestrahlt.

Fluoreszierender Kristall

Flussablagerungen Von Flüssen mitgeführte, zerkleinerte und abgelagerte Gesteinsteile und Minerale.

Gemischter Schliff Schliffart, bei der die Ober- und Unterseite des Edelsteins unterschiedlich facettiert sind: die Krone meist im Brillantschliff, der Pavillon im Stufenschliff.

Geode Hohlraum in einem Stein, in dem Kristalle wachsen.

Gestein Feste Verbindung von kleinsten Teilchen eines oder mehrerer Minerale. Gestein kann anorganischen oder organischen Ursprungs sein.

Glanz Von der Oberfläche eines Minerals reflektiertes Licht.

Idiochromatischer Schwefel

Glasglanz Begriff zur Beschreibung der Art, wie ein Edelstein glänzt (etwa im Unterschied zu Metallglanz oder Perlmuttglanz).

Gürtel Die umlaufende Kante eines geschliffenen Edelsteins, an der Oberseite (die Krone) und Unterseite (der Pavillon) aufeinandertreffen.

Irisierender Hämatit

Habitus Die natürliche äußere Gestalt eines Kristalls (z. B. nadelig, gedrungen ...).

Harz Vor allem von Bäumen abgesonderte, zähflüssige Substanz.

Idiochromatisch Minerale, die aufgrund ihrer chemischen Zusammensetzung farbig sind.

Irisierend Regenbogenfarbenes Schillern auf der Oberfläche eines Minerals.

Karat Gewichtseinheit für Edelsteine. Ein Karat entspricht 0,2 g.

Katzenaugeneffekt Besondere Art der Lichtreflexion bei einigen als Cabochon geschliffenen Edelsteinen.

Kristall In der Natur vorkommender Festkörper mit regelmäßig angeordneten Atomen und glatter Oberfläche.

Kristallin Aufgebaut wie ein Kristall.

Kristallverwachsungen Verwachsungen von zwei oder mehr Kristallen.

Lava Aus Vulkanen an der Erdoberfläche austretendes Magma.

Lichtbrechung Die Zerlegung von Tageslicht in seine Spektralfarben (Regenbogenfarben).

Magma Geschmolzenes Gestein im Inneren der Erde.

Magnetit Magnetisches Mineral aus Eisenoxid.

Massige Form Erscheinungsform von Mineralen als feste Masse, wodurch die Kristallstruktur nur undeutlich zu erkennen ist.

Matrix Grundmasse eines Gesteins, in dem Kristalle vorkommen.

Metamorph Meist durch Hitze bewirkte Veränderung der mineralogischen Zusammensetzung eines Gesteins.

Mikrokristallin Kristallformen, die mit bloßem Auge nicht erkennbar sind.

Mineral Natürlicher, anorganischer Feststoff mit einer bestimmten chemischen Zusammensetzung.

Mohs-Härteskala Bewertungsmaßstab des österreichischen Mineralogen Friedrich Mohs, mit der die Härte eines Minerals festgestellt wird.

In Tropfenform geschliffener Edelstein

Perlmutt in einer Muschel

Opak Lichtundurchlässig und daher nicht durchsichtig.

Opalisierend Milchig blauer Glanz eines Opals.

Organische Edelsteine Aus lebenden Organismen gebildete Edelsteine.

Pegmatit Vulkanisches Gestein mit teils sehr großen Kristallen, das beim Abkühlen von wasserreichem Magma entstanden ist.

Perlmutt Winzige Plättchen aus Kalziumkarbonat, die auf Perlen und in einigen Muschelarten bei Lichteinfall in den Regenbogenfarben schillern.

Phantombildung Kristalle mit farblich abweichenden Einschlüssen von Kristallen des gleichen Minerals oder anderer Minerale.

Piezoelektrizität Von Quarzkristallen unter mechanischem Druck entwickelte elektrische Spannung.

Pleochroitisch Merkmal eines Edelsteins, dessen Farbe sich bei einem anderen Einfallswinkel des Lichts verändert.

Prismatisch Längliche, einem Bleistift ähnliche Form eines Kristalls.

Rhombisch In der Form eines verschobenen, auf einer Ecke stehenden Würfels.

Schliff Die Art und Weise, wie ein Edelstein mit Facetten versehen oder glatt poliert wird.

Spaltbarkeit Die Eigenschaft eines Kristalls, entlang bestimmter Spaltflächen teilbar zu sein.

Spezifisches Gewicht (Dichte) Bestimmt das Gewicht eines Minerals im Verhältnis zum Gewicht des gleichen Volumens an Wasser.

Spektroskop Instrument zur Bestimmung eines Edelsteins, indem es die Wellenlänge des absorbierten Lichts misst.

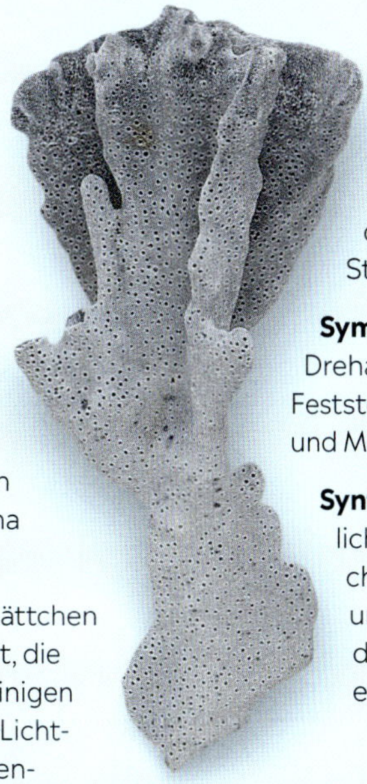

Koralle, ein organischer Schmuckstein

Selenit

Stufen- oder Treppenschliff Gewöhnlich bei rechteckigen Farbedelsteinen angewandter Schliff aus mehreren Facetten, die parallel zu den Kanten des Steins stehen.

Symmetrieachse Gedachte Drehachse durch einen Kristall zur Feststellung spiegelbildlicher Flächen und Muster.

Synthetischer Edelstein Ein künstlich hergestellter Stein, dessen chemische Zusammensetzung und typische Merkmale dem in der Natur vorkommenden Vorbild entsprechen.

Rubin im Stufenschliff

Tafelschliff Schliff mit einer einfachen tafelförmigen Facette ober- und unterhalb des Gürtels.

Transluzent Teilweise lichtdurchlässig, aber nicht durchsichtig.

Transparent Lichtdurchlässig und durchsichtig.

Tropfenschliff Tropfenförmiger Schliff, der oft bei Edelsteinen mit Mängeln zur Anwendung kommt.

Ungeschliffen Der natürliche Oberflächenzustand eines Steins oder Kristalls.

Zwillingskristall Zwei Kristalle aus dem gleichen Mineral, die an einer gemeinsamen Fläche zusammengewachsen sind.

Kalzitzwilling

Register

Dank/Bildnachweis

Der Verlag dankt folgenden Personen für ihre Hilfe bei der Herstellung dieses Buchs: Peter Tandy vom Natural History Museum für die fachliche Beratung; Karl Shone für ergänzende Fotos (S. 28/29, 62/63); der De Beers Industrial Diamond Division für die Leihgabe der Diamantwerkzeuge (S. 29); der Gemmological Association of Great Britain für das Zertifikat (S. 57); Keith Hammond für die Leihgabe des Berylls (S. 21); Nancy Armstrong für die Leihgabe der OpalBrosche (S. 41); Dr. Wendy Kirk für ihr Mitwirken bei der Überarbeitung; BCP, Marianne Petrou und Owen Peyton Jones für die Kontrolle der digitalisierten Daten; Sreshtha Bhattacharya für ihre Redaktionsassistenz; Saloni Singh für die Einbandgestaltung und Jo Penning für das Register.

Der Verlag dankt folgenden Personen und Organisationen für die freundliche Genehmigung zum Abdruck von Fotos:

(Abkürzungen: o = oben, u = unten, m = Mitte, l = links, r = rechts, g = ganz, Hg = Hintergrund)

Alamy Images: Art Collection 3 19ur, David Gee 5 59om, Derek Anderson 71mlo, Derek Anderson 58mro, GRANGER - Historical Picture Archive 35ur, North Wind Picture Archives 60–61m, John Cancalosi 20ml, History and Art Collection 27um, The Picture Art Collection 50ur, Corbin17 40mu, horst friedrichs 27mlu, WILDLIFE GmbH 21or, Michele und Tom Grimm 50or, Tom Grundy 6–7o, Shawn Hempel 56ml, Classic Image 62ur, V&A Images 37ur, KPixMining 27r, Halyna Kubei 47mlu, Wavebreak Media ltd 31mro, Art of Nature 17mr, Nikreates 46mo, dpa picture alliance 42or, Greg Balfour Evans 54–55m, The Picture Art Collection 50ul, World History Archive 53ol, Fredrik Stenstrm 32–33u; **Archives Pierre et Marie Curie:** 31um; **Art Directors & TRIP:** 69mr; Bergakademie Freiberg: 12ml; **Bibliotheca Ambrosiana, Mailand:** 13mr; **Bridgeman Art Library, London / New York:** Egyptian National Museum, Kairo, Ägypten 65om, Baron Antoine Jean Gros 34ul; **© The Trustees of the British Museum. All rights reserved:** 44–45m; **F. Brisse, "La Symetrie Bidimensionnelle et le Canada", Smithsonian Institution, Washington DC:** 37or, 39o, 42ur, 69or; **Canadian Mineralogist**, 19, 217–224 (1981): 13om; **© Christie's Images Ltd:** 64ol, 65mu; **Christie's, New York:** 57ml; **Bruce Coleman/Michael Freeman:** 52m; **Lawrence H. Conklin:** 49ul; Corbis: 64u, 69ur; **Crown copyright:** 58mr; **De Beers:** 29om, 34mr; **DK Picture Library: Natural History Museum** 66m; **Dorling Kindersley:** Dreamstime.com: Oleksandr Delyk / Aleksanderdn 28m, Dreamstime.com: Flynt 31ur, Ruth Jenkinson / Holts Gems 16mro, Ruth Jenkinson / Holts Gems 32ol, Dreamstime.com: Juliengrondin 8ul, Colin Keates / Natural History Museum, London 2m, Geoff Dann / Wallace Collection, London 52ur, Tim Parmenter / Natural History Museum, London 14mro, Tim Parmenter / Natural History Museum, London 51um, Tim Parmenter / Natural History Museum, London 47ur, Colin Keates / Natural History Museum 36m, Colin Keates / Natural History Museum 38ml, Dreamstime.com: James Phelps 32or, Dreamstime.com: Aht Yomyai / Wandee007 28l; **Dreamstime.com:** Patrizio Martorana 18mr, Aleksei Suvorov 24–25u; **Getty Images:** Jean-Pierre Clatot / AFP 48–49c, Luis Acosta / AFP 38mru, Dirck Halstead / Hulton Archive 41mro, Hulton Archive 14or, Bloomberg 25mr, Contributor 17ur, Noppawat Tom Charoensinphon / Moment Open 52mu, Willi Rolfes 60ml, Chiara Salvadori 22–23m, Kim Steele 20–21m, STR 58mr, Kriangkrai Thitimakorn 25mo, UniversalImagesGroup 31um; **Getty Images / iStock:** Mongkolchon Akesin 36–37m, BiancaGrueneberg 63mr, Feblacal 63ol, inusuke 55om, Ozzuboy 59ur, V&G Studio 47mu, Huw Thomas 54um; **Mary Evans Picture Library:** 38/39mru, 57or, 58m, 61or, 61mlu; **Fondation M.S.A.:** llol; **Michael Freeman:** 25om, 37m; **Robert Harding Picture Library:** 44or, 51ol; **Ernst A. Heiniger:** 39ur; **Image Bank/Lynn M. Stone:** 33mr; **India Office:** 56or; **Kobal Collection:** 35mo; **Kodak Ltd:** 63m; **Kunsthistorisches Museum, Wien**. Foto: Courthault Institute of Art: 40mlu; **Lauros-Giraudon:** 34ul; **S. E. Little: Octopus card Ltd** 28mlu; **Mansell Collection:** 45m, **Moebius/ Exhibition Bijoux Cailloux Fous, Straßburg:** 10um; **Mario Berta Battiloro:** Marino Menegazzo 52or; **Museum national, d'Histoire Naturelle, Paris:** 48mr; **National Gallery:** 50ul; **Natural History Museum:** 15or, 19or, 19m, 40ul, 51ur, 68ol / **Frank Greenaway FRPS:** 11ul, 21um,/P.Krishna, SS Jiang und A.R. Land: 21om; **Phototake, NYC/Yoav Levy:** 30mr; **Réunion Des Musées Nationaux Agence Photographique: Musée de Louvre** 69um, 69mlu; **Royal Geographical Society:** 39om; **The Metropolitan Museum of Art:** Purchase, Lila Acheson Wallace Gift, Acquisitions Fund and Mary Trumbull Adams Fund, 2015 38mr; **Tokyo Tech Museum:** Tokyo Institute of Technology 30ur; **Science Photo Library:** 9or, 14ul / Dr. Jeremy Burgess: 62or, 63or / John Howard: 43mr, PATRICK LANDMANN 34mro, JAVIER TRUEBA 9l; **Stan Celestian:** Flickr 17mlo, 70um; **Sigalit Landau im Toten Meer:** Shaxaf Haber 11or; **SuperStock:** Jean-Paul Ferrero / Mary Evans Picture Library 40–41o **Universit Paris Cit:** BIU Sant 36um; **Victoria and Albert Museum:** 51mr; Zefa/ Leidmann: 32or, /Luneski: 60ml.

Cover: *Vorn:* **123RF.com:** thelightwriter m; **Alamy Stock Photo:** World History Archive um (Maske); **Dorling Kindersley:** Ruth Jenkinson / Holts Gems mru, Colin Keates / Natural History Museum, London gom (Schmuck), Colin Keates / Natural History Museum, London mlu, Colin Keates / Natural History Museum, London mu, Colin Keates / Natural History Museum, London um; **Dreamstime.com:** Anat Chantrakool mru (Anhänger), Juliengrondin mlu (Vulkan), Ruslan Minakryn gom (Kristall), Daniel Nagy mlo; **Getty Images:** Kim Steele gom (Antimonit), Stone / Ted Mead ur; **Getty Images / iStock:** vasabii gom; **Science Photo Library:** Javier Trueba / MSF gor; **Shutterstock.com:** My name is boy mru, KPixMining gol; *Hinten:* **123RF.com:** fotointeractiva gor; **Dorling Kindersley:** Richard Leeney / Holts Gems mr; **Getty Images / iStock:** jonnysek ml; *Rücken:* **123RF.com:** thelightwriter.

Illustrationen: Thomas Keenes.

SCAN MICH

Kahoot!

Im Training

Profi-Runde

Pics Challenge